bj

Carlo Acutis
Estaré contigo para siempre

Silvia Martínez-Markus

 Casals

© 2021, Sílvia Martínez-Markus, por el texto
© 2021, Editorial Casals, SA, por esta edición
Tel. 902 107 007
editorialcasals.com
bambulector.com

Diseño de cubierta: Bassa & Trias
Fotografías: Aci, Thinkstock, Asociación Amici di Carlo Acutis
Fotografía de cubierta: Asociación Amici de Carlo Acutis
Primera edición: septiembre de 2021
ISBN: 978-84-218-7340-3
Depósito legal: B-12303-2021
Printed in Spain
Impreso en Anzos, S. L., Fuenlabrada (Madrid)

Ya conoces el final.

Carlo murió.

Está enterrado en Asís, Italia.

Quizá hayas visto una foto suya, vestido con vaqueros, sudadera azul y zapatillas de deporte.

Parece el doloroso final de una historia que pudo ser más feliz. Carlo podría haber vivido muchos años y haber continuado haciendo el bien entre las personas que lo rodeaban, hasta convertirse en un anciano.

Pero quizá ese final a los quince años no fue tan triste y tal vez no fue un final, sino un principio.

El inicio de otra vida.

El encuentro con alguien que lo esperaba y lo quería.

Que te espera y que te quiere.

¿Cómo era Carlo? Un chico normal, imperfecto, que amaba mucho a Jesús y a los demás, que hizo extraordinario lo ordinario, lo de todos los días. Un *influencer* de Dios.

Londres, 1991

Dios ha escrito una historia única e irrepetible para cada uno de nosotros, pero nos ha dado la libertad de elegir el final

Londres, la capital húmeda y lluviosa de un antiguo imperio que movió hilos y fronteras en todo el mundo, que decidió para bien o para mal el destino de naciones y de millones de seres humanos. Centro económico, cultural y laboral para personas de todos los continentes.

Allí vivían y trabajaban dos jóvenes milaneses, Andrea Acutis y Antonia Salzano, y en Londres nació, un año después de su boda, su primer hijo, Carlo.

Era el viernes 3 de mayo de 1991. Bajo un cielo gris soplaba un viento fresco que movía las hojas de los árboles en The Regent's Park, junto al hospital Portland de Londres.

Carlo, un niño de pelo castaño con la cara algo hinchada por el parto, enseguida comenzó a llorar. Lo rodeaban sus padres, y sus abuelos y su bisabuela Adriana, que habían viajado desde Italia para conocerlo.

Poco a poco se dieron cuenta de que era un niño muy sonriente y despierto. En cuanto se espabiló y abrió los ojos, comenzó a mirar a su alrededor con curiosidad.

La mirada alegre de Carlo.

Observar con los ojos bien abiertos y con interés a las personas y las cosas que lo rodeaban sería una de las peculiaridades de su vida.

Su familia era cristiana católica, así que el sábado 18 de mayo lo bautizaron en la iglesia Our Lady of Dolours, iglesia de los servitas, en el barrio de Fulham. Un templo de ladrillo oscuro fundado por dos sacerdotes italianos más de un siglo antes.

El tiempo había mejorado desde el día del nacimiento de Carlo, y hacia allí se encaminaron sus padres junto con sus abuelos, su tía Adriana y su bisabuela. Todos estaban muy contentos e iban muy elegantes para la ocasión, también Carlo, al que habían vestido con un traje blanco de encaje. Era el atuendo de cristianar con el que se bautizaba a los niños de su familia, desde hacía generaciones. Los padrinos fueron su abuelo paterno Carlo y su abuela materna Luana, y le pusieron por nombre Carlo María Antonio.

Su madre para la celebración de ese día cocinó un pastel tradicional con forma de corderito. Ese dulce era un símbolo de agradecimiento por el nacimiento de Carlo y también para que el recién nacido se convirtiera en un instrumento de salvación en las manos de Dios.

Desde la Antigüedad el cordero representaba la paciencia, la inocencia, la ternura, la fragilidad de la existencia, y en el cristianismo, a Jesús, el cordero de Dios sacrificado por el bien de todos.

El símbolo del cordero será importante en la vida de Carlo, al que su madre regaló de pequeño también un peluche con forma de corderito, que se convirtió en uno de sus juguetes preferidos.

Ese mismo día, a 1 500 kilómetros de distancia de Londres, en el centro de Roma, en la ciudad del Vaticano, otro hombre, rodeado de amigos, celebraba su septuagésimo primer cumpleaños. Era polaco y se llamaba Karol Wojtyla, también conocido como el papa Juan Pablo II.

Llegó la primavera lluviosa y después el verano a Londres, y esos primeros meses Carlo los pasó tranquilo con su madre y con una niñera que la ayudaba a atenderlo.

Contrataron a una joven de origen escocés, muy aficionada al chocolate, a la que se le daba bien cuidar a los niños. Pero un día los padres comenzaron a notar que Carlo no olía a colonia de bebé, sino a algo más fuerte, como a borracho. Poco después descubrieron que el olor era alcohol. Así que estuvieron pendientes para ver qué ocurría, y un día su madre sorprendió a la niñera mojando el chupete de Carlo en un jarabe con paracetamol que contenía algo de alcohol.

«Este jarabe ayuda a los niños a dormir», explicó la mujer a los padres. No logró convencerlos.

Mientras Carlo crecía rodeado del cariño de sus padres, durante el mes de agosto, en Polonia, el papa Juan Pablo II reunía a jóvenes de todo el mundo en una Jornada Mundial de la Juventud. El lema de aquellos días fue: «Habéis recibido un espíritu de hijos». Era la primera vez en la historia que se permitía participar en un encuentro como aquel a personas de naciones del este de Europa. ¿Por qué? En ocasiones anteriores, los gobiernos comunistas de aquellos países lo habían prohibido.

En septiembre de ese mismo año, cuando Carlo ya balbuceaba *papa* y *mama*, los Acutis decidieron regresar con él a Italia por motivos profesionales y para estar más cerca de la familia. Los acompañó una niñera irlandesa que permaneció con la familia unos meses.

Se establecieron en Milán, al norte de Italia.

Tiempo después se mudaron a un piso de la vía Ariosto, calle que recibe su nombre de Ludovico Ariosto, conocido poeta italiano del Renacimiento. Allí vivió Carlo hasta su muerte.

Bautismo

Bautismo, convertirse en hijo de Dios.

El abrazo de un padre que te envuelve en sus brazos y te llena de su ternura. Él te ha creado y te quiere con locura, tal como eres, con tus cosas buenas y tus defectos. Nunca te rechazará ni se asustará de ti.

Eres precioso a sus ojos. Obra de sus manos.

Dios ama todo lo que crea. Y te amará siempre de manera incondicional, hagas lo que hagas, y te acompañará hasta el último aliento de tu vida.

Juntos os irá mejor.

Bautismo, ser liberados del poder de las tinieblas. Un nuevo nacimiento a través del agua, que arrastra y borra los pecados.

El bautismo permite a las almas salvarse gracias a la readmisión en la vida divina. «Las personas no se dan cuenta del infinito don que es, y, aparte de la fiesta, la comida y el vestido blanco, que normalmente la gente quiere que tenga encajes, no se preocupan lo más mínimo en comprender el sentido de este gran don de Dios para la humanidad», explicaba Carlo a sus amigos que no estaban bautizados.

¿Casualidad o Providencia?

¿Crees en las casualidades? ¿En el destino? ¿O crees en la Providencia?

¿Cuida Dios de los seres humanos desde que nacemos? ¿O nos creó y se desentendió de nosotros?

¿Somos libres? ¿Quién escribe nuestro destino? ¿Nosotros mismos?

¿Hay alguien que mueve las piezas de la historia? ¿Quizá los gobernantes que creen manejar guerras, consejos de ministros y leyes?

¿O hay un ser superior que se ríe de ellos, que ve el tablero de juego desde arriba y con perspectiva, que mueve siempre la última ficha y que da sentido a la partida?

Un ser superior que respeta la libertad de los humanos y deja que aprendan de sus errores, que ve más allá…

Primeros pasos en la fe

Comienzan las «casualidades».

Centroeuropa, primavera de 1945. El dictador alemán Adolf Hitler se suicida en un búnker de Berlín, después de haber comenzado una guerra que destruyó casi la totalidad de Europa y provocó unos cincuenta millones de muertos.

El país vecino, Polonia, de mayoría católica, fue aplastado por las tropas nazis. En sus territorios aún humeaban los hornos crematorios y volaban las cenizas de los campos de concentración alemanes en los que habían desaparecido la mayoría de los judíos del continente.

Si en algún momento los polacos tuvieron la esperanza de que se levantarían del fango y serían libres tras la guerra, la perdieron cuando los soldados soviéticos entraron allí a luchar contra los alemanes.

Los rusos no se marcharon. Mataron a la mayoría de los oficiales del ejército polaco y sometieron a los civiles.

Les impusieron una dictadura comunista, dependiente de Moscú y dirigida por Iósif Stalin.

Iósif Stalin, el mismo que mandaba a sus enemigos o a personas que no encajaban con el sistema a campos de reeducación y muerte en Siberia a 50 °C bajo cero. El mismo que dejó morir de hambre a siete millones de campesinos, sobre todo en Ucrania. El mismo que dividió Europa en dos. El Muro de Berlín fue el símbolo de esa división.

Los polacos tras la guerra no recuperaron su independencia y poco a poco perdieron sus derechos. Entre ellos la libertad religiosa. Su Dios pasó a ser el Partido, y su religión, honrar a Stalin y a los dirigentes comunistas.

Pero el pueblo polaco no permitió que les pisotearan la cabeza ni el alma. Se hicieron más fuertes. En secreto mantuvieron la religión católica y la practicaron a escondidas, mientras se arriesgaban a ser detenidos y torturados.

De este pueblo salió un sacerdote, un joven huérfano, que había pasado varios años en una fábrica de trabajos forzados durante la ocupación nazi y se había formado en un seminario clandestino. Se llama Karol Wojtyla. Las autoridades no consiguieron doblegar su fuerza y años después se convirtió en el papa Juan Pablo II.

«¡No tengáis miedo!» fueron unas de sus primeras palabras.

Juan Pablo II desde Roma, junto con otros gobernantes, luchó por la libertad de su pueblo y apoyó a un sindicato polaco de trabajadores llamado Solidarosc, «solidaridad».

Este sindicato fue una de las piedras que golpearon el muro deteriorado de una dictadura que prometía el cielo y te hacía vivir en el infierno, hasta que se resquebrajó.

El 9 de noviembre de 1989 cayó el Muro de Berlín y con él la dictadura comunista del este de Europa. Cien millones de personas habían pagado con su vida.

De las ruinas del muro llegó a Italia pocos años después una joven polaca llamada Beata. Había sufrido la falta de libertad, pero su fe era fuerte. Llamó al timbre de un piso de la vía Ariosto para cuidar de un bebé de un año y de nombre Carlo, como su papa polaco.

¿Por qué los padres de Carlo buscaron a alguien de Polonia para cuidar a su hijo? Mariette, la abuela de Carlo, era mitad inglesa y mitad polaca. Durante la Segunda Guerra Mundial huyó de Varsovia y se refugió en Inglaterra, pero se sentía muy polaca. También se daba la coincidencia de que el 3 de mayo, el día que nació Carlo, en Polonia se celebra la fiesta nacional de la Constitución. Sus padres quisieron buscar a alguien relacionado con los orígenes familiares.

Lo primero que llamó la atención de Beata fue la mirada de Carlo, tan brillante, como si irradiara una luz interior. También se dio cuenta enseguida de que Carlo estaba bautizado, pero sus padres no practicaban ni sabían demasiado de religión. Y mientras el niño crecía y comenzaba a comprender la realidad, Beata lo cuidaba y le hablaba de Dios, de la Virgen y de los santos.

Carlo enseguida entendió que no solo existía lo que podía ver y tocar, sino que había algo más, algo espiritual, que lo rodeaba, y aceptó la religión con naturalidad. Se sentía muy atraído por lo divino.

Aprendió de Beata que Dios era su padre y que lo quería muchísimo. Su niñera le explicó quién era la Virgen María, para qué servía una iglesia y que en el sagrario se guardaba, con apariencia de pan, el cuerpo de Jesús, el hijo de Dios.

Carlo tenía unos tres años cuando lo invitaron con más niños a una fiesta. Beata lo llevó y se quedó con él, mientras comían, bebían y jugaban. En un momento dado, uno de ellos se fijó en un rosario que colgaba del cuello de Beata, y poco después varios niños se reían de ese extraño collar.

La mirada de Carlo.

Carlo se dio cuenta enseguida de lo que ocurría, se acercó a Beata y le dijo con una sonrisa que su collar era el más hermoso del mundo.

Carlo compraba con sus ahorros flores para llevar a la Virgen, o las recogía del campo en sus paseos con Beata o con sus padres y sus perros. Les pedía también entrar en las iglesias para ver a Jesús, encender velas o tirar besos al crucifijo.

Muy seguro de sí mismo y con insistencia preguntaba sobre Dios y la religión a los que lo rodeaban. Cada día las cuestiones eran más profundas. Su madre, perpleja, no sabía cómo ni qué contestarle, así que pidió consejo a una amiga ya mayor, que rezaba mucho.

—Cuando viajes a la ciudad de Bolonia por trabajo, busca a un sacerdote que conozco. Es una persona buena y te puede orientar —le contestó, y le dio su teléfono.

Antonia fue a Bolonia, el cura la recibió enseguida y ella le habló de Carlo. El sacerdote le dijo:

—Hay niños a los que el Señor llama desde pequeños.

Y le explicó que Carlo podía ser uno de ellos.

También le sugirió que estudiara Teología para ayudar a su hijo con las dudas que tenía. Antonia se matriculó en la universidad, donde empezó a aprender poco a poco, durante los fines de semana y el escaso tiempo que tenía libre.

Así comenzó a andar junto a Carlo el camino de la fe.

Madres

Te acompañará desde tu concepción hasta su muerte. Desde que eres un ser humano formado solo por unas células que se multiplican. Naces y te envuelve en sus brazos, te arrulla y te da ternura.

Te educa y camina a tu lado.

No es perfecta, pero su amor suele ser incondicional.

María acompañó a Jesús hasta la cruz.

Santa Mónica y san Agustín, Celia Guérin y santa Teresa de Lisieux, Juana de Aza y santo Domingo de Guzmán, santa Silvia de Roma y san Gregorio Magno…

Milán, 1995

Hay que convencerse de que Dios siempre
se comunica con nosotros y quiere estar
siempre en contacto con nosotros

A los cuatro años sus padres matricularon a Carlo en la escuela infantil Parco Pagano en Milán.

Carlo no tenía hermanos y eso lo llevó a ser abierto, simpático y a hablar mucho con los demás. Con buen humor, siempre intentaba que todos se sintieran bien a su alrededor. Le encantaba estar con los otros niños del parvulario, compartir su tiempo y jugar con ellos. Pero también era tranquilo y no le agradaba reaccionar de modo violento cuando había peleas o sus compañeros le pegaban.

Beata, la niñera polaca, lo veía «demasiado bueno», se enfadaba y lo animaba a que se defendiese de los golpes de sus compañeros cuando se metían con él o le caía algún cachete, pero Carlo no quería usar la violencia para defenderse.

«El Señor no estaría contento si reaccionase violentamente», decía muy convencido.

Y Carlo intentaba arreglar los conflictos, que serían sobre juguetes, toboganes o columpios, de manera pacífica sin golpes ni zurras.

Miradas

*Para mí, ser cristiano implica observar el mundo
y trasmitir mi alegría y fuerza a los demás*

Una mirada.

La mirada de niño que se detiene en un chico mal vestido que anda de la mano de su madre y pide una moneda a los transeúntes.

Unos ojos que se encuentran con los de un mendigo en la puerta de un edificio, o que observan al que se cubre con cartones en los soportales. No aparta la vista ante la miseria. No mira hacia otro lado.

Él podría estar ahí. Solo la casualidad o la Providencia han hecho que Carlo naciera en una familia con dinero. No se siente rico.

Y sabe que no puede solucionar grandes problemas, pero sí está en su mano ayudar a los que encuentra en su camino.

Desde principios del siglo xx vivía en el convento de los capuchinos de la vía Piave de Milán un fraile de nombre Cecilio María Cortinovis. Atendía la portería, y desde allí vio pasar dos guerras mundiales, varias crisis económicas y una fila interminable de personas que pedían ayuda.

Cortinovis se podía haber limitado a repartir alimentos, medicinas y ropa desde su portería, pero sabía que podía hacer más. Y salió a pedir ayuda puerta por puerta para construir un comedor. Algunas se abrían, otras no. Y fundó la Obra de San Francisco, un comedor social que daba de comer a miles de personas todos los días.

Carlo conoció esa labor social y a fray Giulio Savoldi, el fraile capuchino con el que se confesaba Cortinovis.

Comenzó a guardar las monedas de sus ahorros en una hucha. Y un día, cuando consideró que ya tenía dinero suficiente, la llevó al comedor para que alimentasen a los niños pobres.

Sujetaba la hucha llena de monedas con la inocencia del niño de cinco años que no conoce el valor del dinero y cree que lleva una fortuna con la que se alimentarán muchas personas. Carlo dio todo lo que tenía.

Años más tarde seguiría ofreciendo su paga para mantener el comedor y ayudaría como voluntario a servir las comidas a los que allí acudían.

La casualidad o la Providencia llamaron de nuevo a la casa de los Acutis cuando Beata se marchó para continuar sus estudios y su carrera profesional.

Esta vez llegó un joven de nombre Rajesh Mohur, que venía de las lejanas islas Mauricio y pertenecía a la casta de los sacerdotes brahmanes hindúes.

Rajesh comenzó a trabajar en la vía Ariosto: cuidaba de Carlo cuando sus padres se encontraban fuera, lo llevaba al colegio, a misa o al parque, donde Carlo jugaba con sus amigos o con el propio niñero. Si algún niño se caía o se hacía una herida, Carlo corría a preguntarle cómo se encontraba y si se había hecho daño.

Carlo enseguida se hizo amigo de Rajesh. A Carlo no le importaba la raza de la gente, el dinero que tuviera o su religión. Trataba a todos por igual y con respeto.

Con el tiempo y a pesar de la edad, la amistad creció y se convirtió en su compañero de juegos y confidente. Lo llamaba Rajesh, «mi amigo de confianza».

Escuela primaria, 1997

El amor propio no, pero la gloria de Dios sí

En septiembre de 1997 Carlo comenzó la educación primaria en el colegio San Carlo de Milán. Estaba muy contento en su nueva escuela, pero solo fue allí tres meses, ya que sus padres decidieron cambiarlo al instituto Tommaseo de las Hermanas Marcelinas, más cerca de casa.

Las Hermanas Marcelinas es una congregación religiosa fundada en el siglo XIX en Milán para educar a los jóvenes. Entonces fueron punteras por ser de las primeras religiosas en realizar carreras oficiales y estudiar en la universidad. Muchas de ellas fueron alumnas de la famosa María Montessori, médica y pedagoga, que revolucionó la educación en Italia.

El edificio era grande, de cuatro plantas, con la fachada de ladrillo, y se encontraba frente a un parque. Para llegar a él desde casa pasaban por la puerta de la parroquia Santa María Segreta, y algunos días, si estaba abierta, Carlo entraba con Rajesh a saludar a Jesús.

A Carlo no le hizo mucha gracia cambiar de colegio a los tres meses de haber empezado y dejar a sus compañeros de clase y a su profesora. Refunfuñó y se quejó, pero él siempre obedecía a sus padres y no tenía rabietas ni berrinches. Cuando metía la pata o se equivocaba y le regañaban, hacía caso y luego no guardaba rencor. También obedecía a sus maestras.

En el nuevo colegio, los compañeros y la profesora, Valentina, lo acogieron de una manera muy calurosa y familiar. Carlo era tan sonriente y alegre que enseguida hizo amigos y se rodeó de gente.

Su mirada atenta observaba y se daba cuenta de quién necesitaba ayuda con alguna tarea o asignatura, entonces se sentaba con él y le explicaba lo que no entendía.

Defendía al compañero del que se reían los demás, se ponía de su lado, sin miedo a que lo despreciasen también a él. Algo que no solía ocurrir.

A uno de sus compañeros lo abandonó su madre y Carlo lo cuidó, acompañó y apoyó durante todos los años que estuvieron juntos en primaria y también en secundaria.

Siempre que entraba al colegio saludaba a la religiosa que se encontraba en la portería. Creía que todas las personas eran iguales e importantes: la portera, la limpiadora y la directora del colegio.

¿Qué hacía Carlo cuando llegaba a casa después de clase? Lo normal de los niños de esa edad. Jugaba a que era informático, o se divertía con sus perros y gatos, dibujaba, escuchaba música, hacía los deberes, pintaba y leía mucho. Libros de cuentos, ilustrados, cómics y algunos infantiles sobre santos de los que había oído hablar y quería conocer más, como san Francisco de Asís o santa Gema Galgani.

Le impresionaba cómo la joven italiana hablaba con su ángel de la guarda, al que veía. El ángel de Gema la protegía, ayudaba e incluso cuidaba cuando se encontraba enferma. Si Gema quería mandar una carta, la dejaba escrita sobre un mueble, y esta desaparecía de su habitación y llegaba al destinatario a través de correos con el sello puesto.

Carlo también veía películas, sobre todo de acción, y series de dibujos en la televisión. Sus preferidos eran los de Pokémon.

«Pikachu es el mejor», decía. «El más valiente de todos».

Tenía un muñeco de Pikachu que le encantaba y cuando llegó a casa Briciola, un cachorro de dóberman enano, siempre lo escondía en el armario porque el animal se encaprichaba con él, lo buscaba con insistencia y se lo quitaba para jugar.

Cuando soplaba el viento, volaba cometas; si nevaba, hacía muñecos de nieve o esquiaba.

Eucaristía

La eucaristía es lo más increíble que hay en el mundo

Desde muy pequeño Carlo comenzó a sentirse muy atraído por la misa y más aún por la comunión. No solo acudía a la iglesia los domingos, también algún día entre semana bajaba a Santa María Segreta.

Se dio cuenta enseguida de lo que ocurre en la santa misa: con las palabras del sacerdote, un trozo de pan y una copa de vino se convierten en el cuerpo y la sangre de Jesús.

Y lo mejor es que los humanos podemos comer ese pan y tener a Dios dentro durante unos minutos.

Jesús es amor y cuanto más nos alimentemos de él, que se hizo comida y bebida para nosotros a través de la eucaristía, que contiene realmente su cuerpo, su sangre, su alma y su divinidad, más crecerá nuestra capacidad de amar. «La eucaristía nos configura de manera única a Dios, que es amor», decía.

Jesús, el hijo de Dios, que se hizo hombre en Israel y murió para salvarnos del pecado.

«Jesús es muy original, porque se esconde en un pedacito de pan, ¡y solo Dios podía hacer algo tan increíble!», aseguraba Carlo.

¿Cómo te sentirías si alguien que te quisiera mucho y te echara de menos se quedara durante dos mil años con apariencia de pan y esperase a que nacieses para que lo pudieras comer?

Dos mil años en los que ha estado expuesto a profanaciones, insultos y maltrato.

Una persona que necesita tu amor y que es capaz de cualquier cosa por lograrlo.

Jesús no está dispuesto a perdernos de ninguna manera y hará todo lo posible para que nos acerquemos a él.

Ese pan eucarístico se guarda en el sagrario de las iglesias, una caja metálica o de madera junto a la que luce una vela.

Es Jesús de verdad el que está ahí. Puedes ir a hablarle, a contarle tu vida y tus problemas, pedirle por ellos.

La eucaristía. Un milagro tan increíble que mucha gente no cree en él o se muestra indiferente. Pero es un regalo maravilloso.

«Me parece que mucha gente no entiende realmente el valor de la santa misa, porque si se dieran cuenta del gran regalo que el Señor nos ha dado al entregarse como nuestro alimento y bebida en la santa hostia, irían todos los días a la iglesia para participar de los frutos del sacrificio celebrado, ¡y renunciarían a muchas cosas superfluas!», decía.

Pero Carlo era pequeño y los niños de su edad no podían hacer aún la primera comunión. Así que insistió a sus padres y les pidió recibirla antes.

Su madre, que para entonces con las clases de Teología ya sabía algo más sobre religión, habló con el vicario don Aldo Giuseppe Locatelli.

Don Aldo también se había dado cuenta desde el principio de que Carlo era un niño distinto. Los ayudó y habló con el obispo don Pasquale Macchi para pedir una dispensa con la que pudiera hacer la comunión cuanto antes.

La entrevista la hizo don Aldo Locatelli, el vicario, para comprobar si se trataba del típico capricho infantil o no, y si tenía conocimientos suficientes, aunque no hubiera asistido a todos los años de catequesis como los otros niños.

Carlo, que estaba emocionado por poder hacer la entrevista, contestó de manera correcta a lo que le preguntaba el obispo y este lo consideró apto.

El obispo solo recomendó a los padres que al tratarse de una situación diferente, hiciera la comunión en un lugar sin demasiada gente ni distracciones.

Don Aldo, al que su madre conocía de las clases de Teología Fundamental de la facultad, había pedido a Antonia que sustituyera en el puesto de catequista a una religiosa que se marchaba a las misiones. Esta le explicó que tenía un niño pequeño y don Aldo le dijo que se lo llevase con ella mientras impartía la lección. Así que Carlo había recibido clases de su madre, de Patricia Giacometti, una catequista de la iglesia de san Gottardo, y de Sidi Perin, un amigo de la familia.

Primera comunión, 1998

Cuanto más recibamos la eucaristía, más semejantes seremos a Jesús y pregustaremos el paraíso ya sobre esta tierra

Al norte de Milán, en la ladera del fértil valle de Rovagnate se encuentra un pueblo llamado Perego. A las afueras se levanta el monasterio de Bernaga, donde viven las religiosas eremitas ambrosianas, un lugar tranquilo y rodeado de naturaleza, con vistas panorámicas al valle.

Don Aldo había presentado a estas monjas a Carlo y a su familia, y eligieron ese monasterio para hacer la primera comunión.

El día amaneció con niebla, que fue abriéndose hasta dejar un día soleado y luminoso de primavera.

Por fin llegaba el final de una espera que a Carlo se le había hecho demasiado larga. Sonriente, vestido de blanco y con una cruz al cuello, acompañado de su familia, entró en el monasterio. Allí, sobre el dintel de la puerta que conduce a la iglesia, leyó las palabras *Dio mi basta*, «Dios me basta», frase de la fundadora del convento.

Era el 16 de junio de 1998, el martes siguiente al Corpus Christi, fiesta dedicada a la eucaristía.

Por el camino, antes de llegar, se cruzaron con un pastor que llevaba un corderito en brazos. A Carlo le hizo mucha ilusión porque le gustaban los corderos y lo que simbolizaban.

La iglesia del monasterio es sencilla, presidida por un sagrario y un crucifijo de madera.

Durante la ceremonia, Carlo estuvo formal y educado, pero poco antes de recibir a Jesús parecía impaciente y nervioso. Y tras la comunión estaba muy contento y no podía quedarse quieto.

Las monjas que se encontraban en clausura detrás de una reja a la derecha del altar lo observaban con cariño y rezaban por él.

A la salida se hizo una foto en el jardín junto a un crucero de piedra con una escultura de la Virgen, en el que se podía leer *Sub umbra alarum tuarum protege nos*, «Protégenos bajo la sombra de tus alas».

Desde su primera comunión comenzó a ir a misa para encontrarse con Jesús todos los días hasta su muerte.

Carlo nunca perdió el contacto con aquellas religiosas amigas de la familia. Iba con sus padres a visitarlas y les pedía que rezasen para que fuera menos perezoso y poder realizar los proyectos que Dios tenía para él. También pedía que rezasen por sus amigos y por las personas que estaban lejos de Dios.

Un año antes de morir, les escribía:

Les agradezco mucho sus oraciones, me han ayudado mucho: me ayudaron a concertarme durante los (exámenes) escritos, a no tener ansiedad durante los orales… y la nota fue muy buena.

De nuevo muchas gracias, con afecto,
Carlo.

Alegría de vivir

Junto a Dios está la paz. Con el Señor todo se reordena, se compensa, se reequilibra, se purifica

La vida para Carlo era una fiesta, sabía disfrutar de cada minuto y allí donde había gente y jaleo, aparecía enseguida. Esto se multiplicaba en vacaciones.

¿Qué hacía Carlo cuando se acababa el colegio?

Desde pequeño iban a Palinuro, un pueblo de la costa de Salerno, al sur de Nápoles, cerca de Centola, de donde era originaria su madre y donde veraneaba desde junio hasta septiembre en casa de sus abuelos maternos.

Allí lo llamaban Carletto.

Carlo, desde el pueblo, asentado en la ladera y en lo alto de una montaña, veía el mar, el cabo de Paliduro y las aguas cristalinas donde bajaba a bañarse.

En Centola se habían conocido sus bisabuelos maternos. Su bisabuela, Antonia di Fluri, nació en Nueva York, muy cerca del lugar donde se construyeron más tarde las Torres Gemelas, hoy desaparecidas tras el atentado islamista de 2001. Los tatarabuelos de Carlo, como muchos otros italianos, habían emigrado a principios del siglo XX a Estados Unidos. Y después a Panamá, donde con mucho esfuerzo y trabajo duro habían conseguido algo de dinero. A su regreso a Italia, compraron unos terrenos en Paliduro, junto a la playa.

Antonia di Fluri era una mujer muy querida y apreciada en la zona, donde aún la recordaban, porque siempre ayudaba a todas las personas necesitadas que acudían a ella, en especial a los pescadores del puerto de Nápoles y Sorrento.

A Carlo le encantaba pasar allí el verano rodeado de naturaleza y amigos. Sus abuelos hablaron con Beata para que también lo cuidase durante las vacaciones y lo acompañase. Con ella pasaba la mañana y casi toda la tarde en la playa de aguas cristalinas, y jugaba con los pececillos y cangrejos que las olas dejaban entre las rocas.

Para comer se llevaban un bocadillo y un poco de fruta, que Carlo cogía de los árboles del jardín de su casa y que no dudaba en compartir.

Paseaba a sus perros por las calles del pueblo y jugaba con sus amigos en la plaza, pero no solía decir palabrotas, ni gritaba, aunque sí se defendía de los niños que iban de prepotentes.

En Palinuro también saludaba a todos los vecinos que se encontraba de camino a la playa o a misa, y se detenía a hablar con ellos. Los habitantes del pueblo lo consideraban como uno más de allí, y caía tan bien que algunos agricultores le regalaban fruta o huevos.

Lo veían ir a misa, rezar el rosario o sentarse delante del sagrario.

En una ocasión, cuando tenía doce años, su abuela, a la que habían invitado a una fiesta de cumpleaños de un amigo, para no dejarlo solo en casa, se lo llevó con ella. Carlo no conocía a nadie, pero era tan espontáneo y abierto que al acabar la fiesta había hablado con la mayoría de los invitados.

En Palinuro Carlo disfrutaba de la naturaleza y de los animales. En una ocasión, cuando tenía once años, se encontraba jugando en la playa con su primo y dos amigos de Nápoles. Entre unos guijarros apareció una lagartija y uno de los niños la aplastó con una piedra sin motivo. Carlo no pudo soportar la muerte sin sentido de un animal y se fue llorando a casa a contárselo a su madre. Antonia lo consoló y para que se tranquilizase le aseguró que la lagartija estaba en el cielo con Jesús.

A dos horas en coche al norte de Centola se encuentra Pompeya, una ciudad romana que en el año 79 fue arrasada por el volcán Vesubio. Se hizo muy famosa porque siglos después un rey español al que le gustaba la cultura clásica y la arqueología, Carlos III, promovió una excavación a los pies del volcán, y encontraron la ciudad y los cuerpos sin vida de los habitantes sepultados bajo metros de lava y escombros.

Allí se levanta la basílica de Nuestra Señora del Rosario de Pompeya, que guarda una imagen milagrosa de la Virgen. El santuario tenía mucha relación con los Salzano y dos antepasadas santas de la familia. Y allí se había casado su bisabuela, que prometió rezar el rosario toda su vida.

Carlo iba desde los cinco años con su madre y Beata a rezar el rosario, que ofrecían por familiares o personas cercanas que necesitaban ayuda. En otras ocasiones leían la oración de consagración a la Virgen del Rosario.

En una de las visitas rezó allí por la madre de un amigo que llevaba muchos años alejada de la religión. Poco después aquella mujer se confesó y se acercó a los sacramentos. Carlo no tenía ninguna duda de que su oración había sido escuchada por la Virgen.

En vacaciones, la madre y la abuela también hacían viajes culturales con Carlo para que conociera las obras de arte de su país.

En uno de esos recorridos, poco después de su primera comunión, pararon en Luca y visitaron los lugares donde vivió santa Gema Galgani, a la que se sentía muy unido. Primero fueron al santuario que conserva su cuerpo y después a la casa de los Giannini, donde vivió santa Gema tras la muerte de sus padres. Allí Carlo siguió con atención las explicaciones de la guía, y consiguió que le dejaran sentarse en la silla de la santa. También pudo ver el mueble donde santa Gema guardaba las cartas que escribía y que el ángel mandaba.

Antes de marcharse, en el libro de visitas de la casa natal de santa Gema, dejó escrito:

Como ves, me dejo guiar por ti. Tengo miedo, pero el miedo no me detendrá. Porque tú seguiste cerca de mí junto al padre Pío.

Os quiero mucho.

Carlo

También visitaron años más tarde la tumba de san Pío de Pietrelcina, en el pueblo de San Giovanni Rotondo, y desde allí se acercaron al santuario de San Miguel Arcángel de Gargano. Carlo se quedó muy impresionado al saber que allí se había aparecido varias veces el ángel Miguel e incluso, cuenta la historia, dejó una marca sobre una piedra.

En otra ocasión, Carlo fue con su madre a Roma a visitar los Museos Vaticanos. Estos guardan las obras de arte que algunos papas, muchos de ellos humanistas y mecenas de artistas, fueron coleccionando a lo largo de los siglos.

En una librería cercana trabajaba una amiga de su madre y les ofreció entrar también a los Jardines Vaticanos, el lugar donde solía pasear el papa Juan Pablo II y al que, por seguridad, pocas personas tenían acceso. A Carlo le hizo muchísima ilusión y se emocionó pensando que quizá se lo podría encontrar.

Desde muy pequeño, Carlo quería mucho a la iglesia y al papa, tanto a Juan Pablo II como a Benedicto XVI, los dos a los que conoció. Solía decir que criticar a la Iglesia es criticarnos a nosotros mismos. La Iglesia es la dispensadora de los tesoros para nuestra salvación.

En una ocasión discutió con un sacerdote que negaba verdades de fe como el infierno y el purgatorio, pero siempre se mostró educado y respetuoso con él.

Carlo sabía diferenciar entre la Iglesia fundada por Cristo, protectora de su legado e inspirada por el Espíritu Santo, y los seres humanos que forman la Iglesia: imperfectos, capaces de grandes hazañas y heroísmos, pero también de cometer los mayores errores y atrocidades.

Jubileo

Los seres humanos somos religiosos por naturaleza.

En la Antigüedad adorábamos al sol, a los astros, a la naturaleza, a la madre tierra, a los huracanes, a Zeus, a Osiris...

A Dios Padre.

Ahora idolatramos a la razón, al dinero, a nosotros mismos, a nuestro perro, al gimnasio, a la ropa de marca, a la belleza, a la fama, al éxito, a la ciencia, al placer, a los *likes*... Y les hacemos sacrificios varios.

Dime dónde está tu dios y te diré quién eres.

Los judíos cada cincuenta años celebraban un jubileo. Durante ese año de paz se liberaba a los esclavos, se recobraban las propiedades vendidas, se perdonaban las ofensas, los pecados y las deudas.

La Iglesia católica desde los primeros siglos continuó celebrando jubileos, como años de perdón, misericordia y reconciliación.

El año 2000 fue uno de ellos, en el que se conmemoraba el nacimiento de Jesús, y Juan Pablo II, el papa polaco de ochenta años, quiso que el inicio del nuevo milenio se celebrara como una gran fiesta para todos los cristianos del mundo.

Se abrió en Roma la Puerta Santa, símbolo del jubileo, y se celebraron multitud de actos con jóvenes, familias, niños, líderes de otras religiones cristianas, enfermos, presos... Todos tenían cabida en el jubileo.

El 8 de octubre tuvo lugar un jubileo con los obispos del mundo.

Se llevó la imagen de la Virgen de Fátima desde Portugal y el papa, junto a todos los obispos, consagró el mundo y la Iglesia al Corazón Inmaculado de la Virgen.

Allí estaba Carlo con su familia. Carlo estaba muy impresionado por encontrarse delante de la imagen de la Virgen de Fátima, a la que rezaba a menudo.

Consagración al Corazón Inmaculado de María
Primera parte

¿Por qué una consagración a la Virgen de Fátima?

El 13 de mayo de 1981 intentaron matar al papa Juan Pablo II en la plaza de San Pedro, en Roma. Durante una audiencia, Alí Agca, un asesino a sueldo, disparó contra él. Era un terrorista adiestrado para matar a sangre fría y no fallaba nunca.

Aquel día ocurrió algo.

La bala entró en el cuerpo de Juan Pablo II, pero se desvió de manera inexplicable o milagrosa. Pasó a milímetros de los órganos vitales, no los dañó y Juan Pablo II sobrevivió.

Era el día de la Virgen de Fátima.

Cuando Juan Pablo II se despertó en el hospital, una de las primeras cosas que pidió fue el sobre que contenía el texto del tercer secreto de Fátima. Durante las apariciones en 1917, la Virgen desveló tres secretos, mensajes proféticos que se cumplieron uno tras otro. El primero fue la revolución comunista rusa, el segundo, la Segunda Guerra Mundial. Y el tercero no se hizo público hasta el año 2000.

Esto fue lo que leyó Juan Pablo II:

«Hemos visto: un obispo vestido de blanco, hemos tenido el presentimiento de que fuera el santo padre. También hemos visto a otros obispos, sacerdotes, religiosos y religiosas subir una montaña empinada, en cuya cumbre había una gran cruz de maderos toscos como si fueran de alcornoque con la corteza; el santo padre, antes de llegar a ella, atravesó una gran ciudad medio en ruinas y medio tembloroso con paso vacilante, apesadumbrado de dolor y pena, rezando por las almas de los cadáveres que encontraba por el camino; llegado a la cima del monte, postrado de rodillas a los pies de la gran cruz, fue muerto por un grupo de soldados que le dispararon varios tiros de arma de fuego y flechas...»

Juan Pablo II entendió que el santo padre que atravesaba la ciudad en ruinas y al que atacaban soldados con flechas era él mismo.

Al año siguiente, ya recuperado, el papa fue a Fátima a dar las gracias a la Virgen y a regalar la bala asesina, que se colocó en su corona.

Era también un 13 de mayo, y después de la procesión de las velas Juan Pablo II se dirigía a la basílica, cuando un sacerdote, perturbado, se abalanzó sobre él con un cuchillo para apuñalarlo. La policía lo detuvo y las personas que se encontraban allí solo notaron cierto barullo y que el papa continuaba su camino sin apenas darse cuenta, pero al llegar a su habitación, su ropa estaba manchada de sangre.

Dos años después de su primer atentado, Juan Pablo II visitó en la cárcel al asesino, el joven turco de nombre Alí Agca, al que alguien había contratado para que lo matase, se rumoreaba que el Gobierno comunista soviético o algún país cercano. Juan Pablo II le dijo que lo perdonaba, aunque ya lo había hecho de manera pública cuatro días después del atentado.

Alí no parecía arrepentido, y con el tiempo se obsesionó con el nombre árabe de Fátima, y se preguntaba una y otra vez quién era esa mujer que había desviado la bala. Hay muchas piezas que se mueven en la historia de Fátima.

El 13 de mayo del año 2000, después de la beatificación de Francisco y Jacinta, los dos pastores que vieron a la Virgen, se leyó el tercer secreto. Carlo siguió con mucho interés la ceremonia y leyó y profundizó en el texto, al que quiso darle también una interpretación eucarística, y escribió lo siguiente:

La cruz sobre el monte puede representar también el sacrificio de Cristo que se ofrece por la salvación de los hombres, que se celebra en cada misa; la sangre que los ángeles bajo los brazos de la cruz vierten sobre los creyentes que suben al monte, cansados, es la sangre que el Señor vierte sobre la humanidad junto a la de los mártires durante la celebración eucarística, que lava y purifica los corazones de los hombres de los pecados cometidos. Las flechas que golpean a los fieles que suben al monte podrían ser el símbolo de las dificultades que la humanidad enfrenta para merecer el paraíso. La figura del obispo vestido de blanco, que la Iglesia ha asociado a Juan Pablo II, que siempre insistía sobre la importancia de la eucaristía y que ha sido en cierta forma un «mártir», clarifica todavía más el sentido eucarístico de la visión.

Aunque no lo parezca, la religión cristiana es una de las más perseguidas del mundo. En todos los continentes hay cristianos que mueren cada año o son discriminados por sus creencias.

Otras miradas

*Las personas que tienen muchos medios económicos
o títulos nobiliarios no deberían presumir,
avergonzando a los demás, que tienen menos que ellos*

Carlo crecía y continuaba mirando las necesidades de la gente que se encontraba a su alrededor, de los mendigos y las personas sin techo que se cruzaba cuando iba en la bici o atravesaba el parque del colegio para ir a su casa.

Un día la mirada de Carlo se posó en Emanuele, un mendigo que dormía sobre unos cartones a la puerta de su parroquia, Santa María Segreta.

Los inviernos de Milán son muy fríos, así que Carlo, con una de sus primeras pagas, pidió permiso a su madre y le compró un saco de dormir. Bajó con Rajesh a dárselo.

Pero no lo hizo como el típico niño rico, que está arriba y es solidario con los de abajo, sino como el ser humano que se encuentra con otro ser humano necesitado, y a su mismo nivel le da la mano. Y lo acompaña.

Carlo sabía que nadie es superior a nadie. Los títulos nobiliarios y el dinero son solo papeles inútiles; lo que realmente importa en la vida es la nobleza del alma, es decir, la manera como se ama a Dios y al prójimo, decía.

Carlo también guardaba parte de su cena para Emanuele y luego con Rajesh se la bajaba.

Un día Emanuele desapareció. Carlo sintió una punzada de dolor cuando dejó de verlo. Lo buscaba con la mirada día tras día. Pero no regresó.

Hilos

Un hilo conductor atravesaba la vida de Carlo. El hilo del amor. Fuerte, resistente, inquebrantable.

Comenzaba en Dios, que amaba a Carlo. Él lo sabía y también quería a su padre, Dios.

El hilo pasaba a través de Carlo y continuaba hasta alcanzar todas las personas y cosas que lo rodeaban. Carlo tejía ese ovillo de cariño alrededor de su familia, sus amigos y sus compañeros, y de los pobres que se encontraba por la calle. También lo tejía alrededor de sus animales de compañía y de la naturaleza.

Escuela media, 2002

La vida es un regalo porque mientras estemos en este planeta podemos incrementar nuestro nivel de caridad. Cuanto más alto sea, más disfrutaremos de la felicidad eterna de Dios

Cuando terminó la educación primaria, Carlo continuó los estudios de escuela media de tres años de duración en el mismo colegio de las hermanas Marcelinas.

¿Era el mejor de clase y sacaba las notas más altas?

No.

Nunca pretendió ser el mejor. Carlo era un chico normal. Algunas asignaturas se le daban peor, e incluso a veces no hacía todos los deberes, o se distraía en clase y cuando los profesores se lo decían contestaba una tontería. En otras iba mejor, como por ejemplo, en Informática, para la que tenía una capacidad excepcional.

Cuando vivió Carlo, al principio del siglo XXI, los ordenadores y la computación llevaban décadas desarrollándose. Internet había aparecido pocos años antes y se expandía imparable por todo el mundo.

Para él era muy importante saber utilizar los ordenadores. Ya se daba cuenta de que serían indispensables en la vida corriente y la mayoría de los trabajos del futuro.

Pero no se guardaba sus conocimientos de informática para él solo, sino que echaba una mano a sus amigos siempre que tenían dificultades y les enseñaba a utilizar los programas y a hacer presentaciones de clase.

No se pavoneaba ni presumía de lo mucho que sabía ni de lo bien que se le daba. Pero sí que le gustaba hacerlo lo mejor posible, ya fuesen deberes o programas informáticos.

Y no solo ayudaba con la tecnología. Si veía que alguien tenía problemas con otras asignaturas, se ofrecía enseguida a explicarle lo que no entendía.

Tenía una amiga que iba mal en varias materias y Carlo quedaba con ella para estudiar y prepararon juntos el examen final de la escuela media. La chica aprobó y Carlo también, con un sobresaliente.

Carlo era bastante autodidacta y apasionado, asimilaba rápido lo que le interesaba, sin ayuda de sus profesores o adultos. En clase de Música debían aprender a tocar un instrumento y, en lugar de elegir la flauta, como la mayoría de sus compañeros, aprendió solo a tocar el saxofón, lo cual sorprendió a su madre.

A Carlo le gustaba mucho la música, que para él no sabía de nacionalidades, razas o clases sociales. Música que emociona, divierte y nos acerca a la belleza.

También era el mejor en la asignatura de Religión. Carlo sabía las citas de la Biblia, que leía a diario, y conocía a fondo la doctrina de la Iglesia católica. Incluso ayudaba al profesor, don Claudio, cuando este tenía dudas.

Si trataban algún tema polémico como el aborto, los experimentos médicos con embriones humanos o las relaciones sexuales antes del matrimonio, no se callaba y defendía sus convicciones delante de todos. Sin vergüenza.

No se podía decir lo mismo de las clases de Francés.

A veces era impuntual, no le gustaban demasiado ni las clases ni la profesora.

Cuando entraba, la profesora, que en ese momento escribía algo en la pizarra, se giraba.

—¿Por qué ha llegado tarde, Carlo? —preguntaba.

Él se inventaba una chorrada y la decía en voz alta.

Todos los alumnos se reían.

—¡Con esa actitud no aprobará nunca! —le regañaba.

Luego, en el recreo, Carlo hacía bromas con sus compañeros e imitaba a la profesora hablando en francés.

Sus amigos se tronchaban de risa.

Con su sentido del humor, a menudo hacía de «payaso» en clase, gastaba bromas, contaba chistes, hacía dibujos animados o en 3D en el ordenador y caricaturas en los cuadernos. Y a veces hablaba demasiado, incluso tuvo que salir del aula por un ataque de risa.

Pero no boicoteaba a los profesores, ni desobedecía. Ante todo era elegante.

Luego Carlo reflexionaba: «¿Esta broma le habrá dolido a alguien? ¿Algún compañero se habrá sentido ofendido? ¿Me he pasado con la profesora de Francés?». Y la próxima broma no la hacía tan a la ligera.

Amigos

*La tristeza es dirigir la mirada hacia uno mismo,
la felicidad es dirigir la mirada hacia Dios. La conversión no es
otra cosa que desviar la mirada desde abajo hacia lo alto.
Es suficiente con un pequeño movimiento de los ojos*

Imagina un amigo que siempre intenta que te encuentres a gusto y cómodo. Alguien simpático, positivo y bromista, con quien puedes compartir aficiones, jugar, ver películas y hacer el tonto.

Y que te ayuda cuando lo necesitas. Que está contigo, que te protege.

Así era Carlo. Aficionado al Milan, se ponía su camiseta roja de la selección inglesa con el nombre de Scholes, el jugador del Manchester United, y bajaba a jugar al fútbol al parque que había frente al colegio. No insultaba, despreciaba ni criticaba a los jugadores del equipo contrario. Sabía que no era muy bueno, pero se lo pasaba bien. Incluso jugaba con los niños más pequeños.

Los hermanos de sus amigos lo adoraban, porque les dejaba los juguetes y pasaba el tiempo con ellos.

Era fantástico.

A Carlo también le encantaban los videojuegos. Como la mayoría de sus amigos a lo largo de su vida tuvo una Nintendo GambeCube, una Xbox y una Playstation. Le gustaban muchos tipos de videojuegos, desde clásicos como

SuperMario hasta algunos de carreras de coches como NeedForSpeed, y jugaba con sus amigos.

Pero se daba cuenta de que podía «enganchrse» a ellos y usarlos demasiado. Así que controlaba cuánto tiempo les dedicaba. Solo jugaba el sábado y el domingo como máximo una hora. Si venían sus amigos o sus primos usaba la consola media hora más.

Le impresionaban las noticias sobre jóvenes que acababan hospitalizados por adicción a los videojuegos.

También quedaba con sus amigos para merendar. Y Carlo a veces se pasaba con la Nutella, la famosa crema italiana de chocolate y avellanas.

¿Has comido un bocadillo rebosante de crema de chocolate? ¿Un crep relleno de Nutella caliente?

A veces también comía demasiado helado y durante algunos años, en la escuela primaria, engordó.

Pero luego, como con los videojuegos, se paraba y pensaba que la próxima vez comería un poco menos y solo a su hora, que se controlaría, que quería ser dueño de sí mismo. Incluso pedía ayuda a su ángel de la guarda, al que llamaba Gabriel.

Imagina que por algún motivo alguien en el colegio te acosa, se ríe de ti, se mete contigo o hace que no te sientas a gusto con tus compañeros de clase.

Cuando algo así ocurría, ahí estaba Carlo. Notaba enseguida quién no se integraba y se acercaba a él o a ella.

—¿Te vienes con nosotros a jugar un partido en el recreo? —preguntaba.

—¿Me acompañas a dar una vuelta?

Si sus amigos lo pasaban mal porque sus padres se estaban divorciando, ahí estaba Carlo:

—¿Estás solo en tu casa esta tarde? Vente a estudiar a la mía y luego vemos una peli o jugamos con la Nintendo. Te puedes quedar a cenar, si quieres. A mis padres les parece bien.

Imagina que tienes una discapacidad y tus compañeros se burlan de ti y te hacen el vacío. Sabes que los acosadores aíslan a su víctima y castigan a cualquier persona que la defienda o que se acerque a ella. Hasta que alguien, con firmeza, para los pies al acosador y establece límites.

Eso es lo que hacía Carlo. Defendía a los diferentes y se ponía a su lado con respeto y sensibilidad.

Nunca se unía en el colegio a los que hacían algo que él considerara malo. Y si alguien discutía, mediaba entre ellos para que se reconciliasen. En los momentos difíciles Carlo ofrecía comprensión y buen humor. Ninguno de sus amigos recuerda una pelea ni palabras de odio, desprecio o insultos.

Aunque lo provocaran, no se enfadaba.

Simpatías

No yo, sino Dios

¿Has intentado caer bien a todo el mundo? Imposible.

Carlo no gustaba a todos. Algunos compañeros lo veían demasiado «intelectual y espiritual». Demasiado profundo.

¿Por qué iba de vacaciones al pueblo de Palinuro o a Asís, cuando podía viajar con sus padres por todo el mundo? ¿Por qué no tenía una moto?

Aunque le gustaban los coches deportivos y hablaba a veces de ellos con sus amigos, Carlo nunca presumía de sus casas, sus coches o su dinero.

¿Para qué servía alardear de tener más cosas materiales?, pensaba Carlo.

Lo importante son las personas y todos valemos lo mismo.

¿Por qué no se compraba prendas de marca y no vestía a la última moda como los demás? ¿Por qué llevaba esa ropa tan normal, tan clásica?

Carlo no vivía en otro mundo ni en una burbuja, sabía que la moda tenía más que ver con el consumismo que con el cuidado del cuerpo y la belleza.

No comprendía por qué los hombres se preocupan tanto de la belleza del propio cuerpo y no se preocupan, en cambio, por la belleza de su alma.

Y sobre la belleza añadía: la belleza física se desvanece rápido… El tiempo se la lleva sin piedad y no queda nada. La belleza espiritual, en cambio, nunca se desvanece y dura para siempre... Todo pasa, de todos modos... Lo que realmente nos hará bellos a los ojos de Dios será la forma en que lo hemos amado y cómo hemos amado a nuestros hermanos.

Carlo compraba lo que necesitaba, pero no más.

A veces no entendía por qué su madre se gastaba dinero en cremas caras y se lo decía.

Las críticas exteriores le eran indiferentes y no le hacían sufrir. Contestaba de manera pacífica, como solía hacer desde pequeño. No iba por la vida de chico complaciente, intentando que todo el mundo lo «amase». Daba sin esperar nada a cambio. Su vida tenía un hilo conductor; tenía las ideas claras, vivía según unos principios e intentaba hacer las cosas de la mejor manera posible.

¡Ah!, en Navidad compraba regalos para todos sus compañeros, e incluso para los profesores.

Porteros

*Lo que nos hará verdaderamente hermosos
a los ojos de Dios será solo cómo lo hemos amado
y cómo hemos amado a nuestros hermanos*

Con la bici de camino a casa o cuando quedaba con sus amigos, Carlo no solo se fijaba en los indigentes para luego llevarles comida, también se paraba a saludar a los porteros de los edificios por los que pasaba.

—¡Adiós, Agbay! ¿Qué tal tu familia?

—Chandan, ¿qué tal la avería de ayer?

—¿Arreglaste los papeles de tu hermano?

Los porteros eran en su mayoría extranjeros, de distintas razas y religiones, muchos de ellos hindúes o filipinos.

Al principio miraban extrañados a aquel chaval moreno y sonriente que se bajaba de la bici y les preguntaba por sus hijos, trabajos y preocupaciones. Luego se enteraban de que era de una de las familias más ricas de la ciudad, pero el chico era sencillo, simpático y se interesaba de verdad por ellos, con respeto, sin curiosear ni inmiscuirse en sus vidas.

También era amigo del portero de su casa, con el que se solía parar a charlar un rato. El conserje había conocido a mucha gente a lo largo de su vida, personas de variadas edades y clases sociales. Y aquel chico le hacía gracia y le caía bien. Después de hablar un rato con Carlo, se sentía mejor, más optimista.

Como a Carlo le gustaba comer bien, a menudo, también se metía en la cocina a hacer recetas con mucho entusiasmo para que estuvieran en su punto. Quería convertirse en un excelente cocinero e imitaba al de sus abuelos paternos de Turín. Cuando coincidía con él, siempre pasaba a darle las gracias por lo buena que estaba la comida y, con muchas ganas de aprender, le preguntaba por las recetas.

A Carlo le encantaba visitar a los abuelos de Turín. Desde pequeño estaba muy unido a toda su familia, y le encantaba encontrarse con sus parientes, en especial con su abuelo Carlo. Le gustaba pasar tiempo con él, escuchaba sus consejos o jugaban juntos al ajedrez u otros juegos de mesa.

Vida diaria

*Si un día alguien pierde el camino hacia Dios,
el Señor tarde o temprano se acordará de las oraciones
que rezó en familia y lo devolverá al redil*

La madre de Carlo por su trabajo viajaba mucho fuera de Milán, pero no quería perder de vista la educación de su hijo, así que contrató a una profesora particular que lo recogía en el colegio y lo llevaba a casa, le ayudaba a hacer los deberes o resolvía sus dudas y seguía sus estudios día a día.

La profesora enseguida se hizo amiga de Carlo y este le hacía muchas preguntas de todo tipo y le pedía consejos. A ella le llamaba la atención que él nunca presumiera de su posición social y rehuyera los halagos.

Durante las clases Carlo solía tener una estampa de Jesús en la mesa, y no permitía que se la quitasen.

También había colgado un cuadro de Jesús de la Misericordia en su habitación, donde entraban sus amigos cuando iban a estudiar o jugar, y no se avergonzaba de ello.

La profesora acabó acompañándolo en algunas ocasiones a misa de seis o siete a Santa María Segreta. Otros días Carlo iba con su madre, Rajesh u otro empleado.

Su abuela materna, Luana, al quedarse viuda, se fue a vivir a Milán cerca de ellos para ayudarlos, y cuando Antonia, la madre de Carlo, viajaba por trabajo fuera de la ciudad, la abuela lo cuidaba y era ella la que lo acompañaba a la iglesia.

Carlo rezaba en misa por su marido, su abuelo, y guardaba un secreto que reveló tiempo después.

A la edad de cuatro años, cuando murió su abuelo materno, Antonio, de profesión editor, Carlo lo vio, tuvo una visión. Su abuelo le dijo que se encontraba en el purgatorio y que rezara por él. Sus oraciones podían acortar su estancia allí. Desde entonces Carlo, durante toda su vida, rezó por él y a menudo ofrecía la misa por las ánimas del purgatorio, en especial por las más olvidadas.

Sabía que la misa era el mejor lugar en el que pedir por las almas de los vivos y de los muertos. Es la oración más importante que se puede hacer para ayudar a las almas de los difuntos a salir del purgatorio, decía.

Cielo, infierno, purgatorio

Sin él no puedo hacer nada

¿Cuál es la línea que separa el cielo de la tierra?

¿Hay almas que deben limpiar o rectificar algo de su vida después de muertas?

Esperan en el purgatorio y desean encontrar el amor.

Cielo, infierno o purgatorio... Tú eliges.

Somos libres.

¿Hay un Dios justo que juzga nuestra vida cuando termina, que premia o castiga?

Un Dios que no cierra los ojos ante las injusticias y errores que cometimos en nuestra existencia. El daño que hicimos a los demás y a nosotros mismos está ahí, ante nuestros ojos y los suyos.

Un Dios misericordioso, que no juzga como lo hacemos los humanos. Él conoce nuestro interior, los más ocultos deseos e intenciones. Nos lleva escritos en la palma de su mano desde la cuna hasta el ataúd.

Sus juicios no son nuestros juicios.

Nos espera. Y, conmovido, corre, se nos echa al cuello y nos besa.

Jesús

Estar unido a Jesús, ese es mi programa de vida

El centro de la vida de Carlo era su amistad con Jesús, su mejor amigo. Ese era el hilo conductor fuerte y resistente que daba sentido a su existencia.

Vivía su día a día muy cerca de él.

Si rascas un poco en la superficie de los seres humanos encontrarás un deseo tan brillante como el oro que palpita tan fuerte como un corazón. Un anhelo que nos lleva a realizar las acciones más solidarias o las más ruines. El deseo de amar y ser amados. Ser queridos sin peros, de manera profunda, sin que aparten la cara al ver nuestra fragilidad, con un amor incondicional e infinito, para siempre, como en los cuentos de hadas.

Buscamos, desesperados, ese amor que tanto ansiamos en lo que nos rodea. Con hambre husmeamos en el aire, intuimos, escarbamos en la realidad, preguntamos, tanteamos rodeados de tinieblas, rebuscamos en los bolsillos de la existencia.

Rastreamos el amor a lo largo de nuestra vida.

Andamos a la caza.

Mendigos de afecto, nos comemos hasta las migas.

El mundo no lo mueve el dinero, ni los poderes ocultos. Manda y lo salva el amor.

El cariño tiene más poder incluso que una bomba atómica.

Pero los humanos venimos con un defecto de fábrica, estamos heridos, somos imperfectos, como nuestros amores, que nunca sacian del todo.

Carlo sabía que la ternura de Jesús es lo único capaz de llenar el corazón con carencias de los seres humanos. Un hombre, un Dios, que aceptó una muerte terrible por nosotros.

Por ti.

Hay un amor que solo Dios puede darte.

Desde muy pequeño Carlo comprendió que la vida cerca de Jesús era mejor, más bella. Y estaba convencido de que la vida de los demás también lo sería. Vivía rodeado de familia y amigos, que sabían que era una persona religiosa y profunda, pero Carlo no los sermoneaba ni los perseguía con el catecismo en la mano.

Sabía cuándo hablar y cuándo callar.

No iba por la vida con «píldoras de moral» para hacerlas tragar, sin tener en cuenta si podían digerirlas o no. Era consciente de que sus compañeros del colegio y amigos a esa edad no serían capaces de entender demasiado los «sermones».

Pero se sentían atraídos por él, notaban que había algo más.

Carlo les hablaba de Jesús con el ejemplo, con su vida. Una vida en positivo y no en negativo. Seguía las palabras de san Francisco de Asís: «Lo que haces puede ser el único sermón que algunas personas escuchen hoy».

¿Los perros van al cielo?

Desde cualquier punto de vista que se mire,
la vida siempre es fantástica

San Francisco de Asís era santo de su devoción. Carlo se sentía atraído por muchos aspectos de su vida, en especial por su sensibilidad con los animales y el cuidado de la naturaleza.

«Dios creó a todas las criaturas con amor y bondad, grandes, pequeñas, con forma humana o animal todos son hijos del Padre y fue tan perfecto en su creación que dio a cada uno su propio entorno y a sus animales un hogar lleno de arroyos, árboles y prados hermosos como el propio paraíso», decía el santo.

San Francisco de Asís se sentía unido a los animales, sus hermanos, criaturas que con él alababan a Dios, y los protegía. Cantaba con ellos. Respetaba y cuidaba todo lo creado, no deseaba dominar, usar ni poseer la naturaleza, sino vivir en ella.

—¿Los animales van al cielo con nosotros? —se preguntaba Carlo a menudo—. Sería una injusticia no encontrárnoslos allí.

Dios se los llevará al paraíso porque es imposible que los deje ahí… en la nada, pensaba.

En su casa siempre había mascotas y en una ocasión llegaron a tener a la vez dos peces, dos gatos y cuatro perros.

A veces, cuando iba por la calle con sus padres, les pedía recoger a los animales abandonados que encontraban.

Como se le daba bien la tecnología, en sus ratos libres grababa películas caseras muy graciosas con sus mascotas como protagonistas. Por ejemplo, se inventaba una historia en la que los perros se enfrentaban con los gatos por el control del mundo. Ante las cámaras corrían Stellina, una perra bien gorda; Briciola, su dóberman enana a la que apodaba «la perra de los siete demonios» por su aspecto fiero; Chiara, la de su madre; el perro Poldo y el gato Cleo, que solía ser el «comandante supremo».

Y para que aquellas batallas perrunas parecieran más épicas añadía a la grabación música de Star Wars.

Briciola incluso aparece en un vídeo que hizo explicando lo que era la transustanciación, un término teológico que se refiere a la eucaristía.

Otro tipo de películas que grababa Carlo eran las de espías a lo Bond, James Bond. Para darles un toque internacional y exótico pedía ayuda a Rajesh, su amigo y empleado doméstico, que no se negaba y actuaba en ellas como agente secreto.

Luego proyectaba la grabación a sus amigos y a su familia. Con sus amigos y primos también veía en casa películas variadas, sobre todo comedias o films policiacos, y concursos de preguntas, en los que intentaba contestar antes que los participantes. Procuraba no ver películas con contenido sexual, y cuando en alguna salía una escena explícita, se tapaba los ojos.

A Carlo le gustaban todos los animales, y un día que fue con sus abuelos a dar un paseo en barco por el mar, rezó antes de salir para ver delfines, y no solo aparecieron, sino que comenzaron a nadar a ambos lados del barco, como acompañándolos. Carlo grabó y editó un vídeo con música de *La misión* de Ennio Morricone, en el que aparecían los delfines rodeándolos y el vuelo de las gaviotas.

Carlo también quiso que le regalaran un bastón con el que recogía la basura que encontraba por la playa o por el campo al pasear con sus perros. Incluso cuando buceaba, jugaba a «buscar basura del fondo del mar».

Siempre intentaba hacer más bello el mundo que lo rodeaba.

Rímini, 2002

Una vida será realmente bella solo si se llega a amar a Dios sobre todas las cosas y al prójimo como a sí mismo

Agosto de 2002, Rímini, ciudad en la costa italiana del mar Adriático. Como otros años, el movimiento católico Comunión y Liberación organizó un *meeting*, un encuentro para profundizar en la fe, la cultura y la sociedad. Hubo conferencias, exposiciones, competiciones deportivas y espectáculos.

En el evento participaron seiscientas mil personas, muchas de ellas jóvenes.

El día 20 la madre de Carlo fue invitada por un amigo sacerdote a presentar el *Pequeño catecismo eucarístico*, un libro que enseña a los niños lo que es la eucaristía y en el que aparecen también algunos milagros relacionados con ella.

Carlo se quedó fascinado por el ambiente, los jóvenes que encontró y las exposiciones. Y por los milagros del libro.

En aquellos años había poco contenido sobre temas religiosos en internet.

Carlo decidió ampliar la información del catecismo para niños y hacer una exposición sobre milagros eucarísticos. Una muestra que se pudiera ver *online* desde todo el mundo y descargar e imprimir con facilidad en paneles y exponer en iglesias o centros religiosos.

Y se puso a ello.

Necesitaba información de primera mano, así que pidió a sus padres visitar en vacaciones los lugares de Europa donde ocurrieron esos milagros eucarísticos.

Algunos se encontraban cerca, como el pueblo de San Mauro La Bruca, próximo a Palinuro, donde veraneaban. Allí se conservan desde el año 1969 unas hostias consagradas que unos ladrones robaron, con otros objetos de valor de la iglesia, y tiraron a la calle. Un niño las recogió y se las dio al párroco. Lo normal sería que las formas, hechas de harina, se hubieran descompuesto y convertido en polvo, algo que de manera inexplicable no ocurrió.

Carlo también pidió información a personas cercanas con conocimientos en religión.

Milagros en veinte países. Tres años y tres ordenadores después, la exposición estaba lista. No le dio tiempo a colgarla en la web.

Ángeles

Servidores y mensajeros de Dios, seres espirituales e inmortales, que con su poder nos ayudan de una manera misteriosa.

Todos tenemos un ángel protector desde que nacemos.

Fueron creados por amor y para amar, pero algunos, los demonios o ángeles corrompidos, nunca amaron.

Non serviam!, «no serviré», dijo la voz seductora de uno de ellos, Satanás, y con él muchos otros ángeles rechazaron de manera radical y para siempre a Dios. Sin arrepentimiento.

Los demonios no pueden soportar el amor entre Dios y los seres humanos. Nos seducen, tientan y atacan para que desobedezcamos a nuestro creador, suframos y seamos infelices.

No es una lucha entre el bien y el mal, es una batalla de una guerra que Jesús ya ha ganado.

Y Jesús nos da el armamento para vencer.

Las armas más poderosas son siete y se llaman sacramentos. A través de ellos nos llega la gracia, la fuerza de Dios.

Bautismo, confirmación, confesión, eucaristía, matrimonio, orden sacerdotal y unción de enfermos: un sacramento para cada momento importante de tu vida.

De todos ellos el que más atraía a Carlo era la eucaristía: Jesucristo se encarnó para salvarnos tanto del pecado original heredado de nuestros padres como de los que nosotros cometemos todos los días, incluso involuntariamente, porque por desgracia somos muy limitados. Y la eucaristía no es otra cosa que nuestro alimento celestial para evitar caer con tanta frecuencia en la tentación. Cuando en el Padre Nuestro se dice «danos hoy nuestro pan de cada día y no nos dejes caer en la tentación», Jesús quería decir «danos hoy también la eucaristía cotidiana».

Confirmación, 2003

*Poner a Dios en primer lugar significa
separarse de todo para encontrar todo en Dios*

¿Confirmación? Sacramento que nos une a la Iglesia y nos da la fuerza especial del Espíritu Santo para ser testigos de Jesús y defender la fe con palabras y obras.

Vas a necesitar esa fortaleza para no avergonzarte de la cruz.

El sábado 24 de mayo de 2003 Carlo recibió en su parroquia la confirmación de manos del obispo don Luigi Testore. Su padrino fue Sidi Perin, amigo de la familia, que también lo había preparado para la comunión.

Al día siguiente fue con sus padres a ver a las monjas del monasterio de Bernaga en Perego, donde había hecho la primera comunión, para contárselo.

Carlo estaba muy contento y se notaba su alegría.

También la percibió Rajesh, al que Carlo explicó que cuando recibió la confirmación, sintió una fuerza interior que lo envolvía.

Carlo creía que la vida de Rajesh también mejoraría cuando su amigo conociera a Jesús, y a veces como lo acompañaba a misa le explicaba algún aspecto de la celebración.

Al principio Rajesh, de religión hindú, no entendía casi nada de lo que le decía ni del cristianismo, pero notaba que

Carlo le hablaba con sinceridad y alegría y que sus palabras le tocaban el corazón. Comenzó a ver al niño al que cuidaba, mucho más pequeño que él, como un maestro, y empezó a interesarse por las explicaciones de Carlo, que usaba la Biblia, el catecismo, películas de Lourdes y Fátima y la vida de los santos para acercarlo a la palabra de Dios.

Carlo explicaba con mucha facilidad verdades teológicas complicadas.

Y sobre todo le hablaba de los sacramentos, en especial de la eucaristía, a través de la que Dios nos convierte en personas a su imagen y semejanza.

Carlo solía decirle que las virtudes se adquieren sobre todo a través de una intensa vida sacramental y que la eucaristía es seguramente el culmen de la caridad, ya que a través de ese sacramento el Señor nos hace personas completas, hechas a su imagen.

Con el tiempo Rajesh acabó bautizándose y después Carlo lo preparó para que recibiera la confirmación.

Lourdes

Dios es muy simple, y el que quiera encontrarlo deberá simplificarse, de lo contrario nunca lo encontrará; en eso radica la sabiduría

Corría el año 1858 cuando en un pueblo del Pirineo francés, llamado Lourdes, se apareció la Virgen dieciocho veces a una niña pobre.

La niña de catorce años, Bernadette Soubirus, había salido un 11 de febrero a coger leña con sus amigas junto al río Gave, donde oyó un ruido. Cuando levantó la cabeza se encontró dentro de una gruta con una señora vestida de blanco con un cinturón azul celeste y una rosa dorada en cada pie. En las manos sujetaba un rosario del mismo color que las rosas.

La Virgen hizo la señal de la cruz y Bernadette la imitó. Después la joven sacó el rosario y comenzó a rezarlo, mientras la Virgen en silencio pasaba las cuentas del suyo.

La noticia se extendió en la comarca y empezó a acudir gente a la gruta, ante la desconfianza del párroco y las autoridades.

Bernadette en cada aparición rezaba el rosario con la Virgen, que en una ocasión habló y le pidió:

—Penitencia, penitencia, penitencia... Ruega por la conversión de los pecadores.

Ante la insistencia del párroco del pueblo, Bernadette preguntó a la mujer que se le aparecía cómo se llamaba.

La Virgen, que hablaba en patois, el mismo dialecto que usaba la niña, le dijo que era la Inmaculada Concepción.

Bernadette no había oído nunca las palabras «Inmaculada Concepción», pero se las dijo al párroco, que se quedó impresionado y las consideró como una señal de que las apariciones eran verdaderas.

Durante una de las visitas, la Virgen pidió a la niña que escarbase en el suelo y bebiese del agua que de allí salía. A los pocos días una joven mojó su brazo enfermo en el agua y se curó. Aquel regato se convirtió en una fuente de la que han bebido y donde se han bañado millones de personas enfermas a lo largo de los años, y muchas de ellas han encontrado la curación, tanto física como espiritual.

Lourdes se ha convertido en uno de los lugares de peregrinación más importantes de la cristiandad.

España, 2005

Seguramente los milagros realizados por la Virgen María durante sus apariciones en la tierra pueden ser de gran ayuda para aumentar la fe de muchas personas

Corría febrero de 2005 cuando Carlo viajó en coche con su padre, su madre y su abuela Luana a España. También llevaban a Briciola, su perrita, que solo tenía tres meses y mordía todo lo que encontraba.

Se detuvieron en Lourdes para ver los lugares en los que la Virgen se había aparecido a Bernadette y bebieron agua de la gruta.

Durante el camino Carlo le fue contando a su abuela la historia de las apariciones. Le impresionaba cómo la Virgen se aparecía a jóvenes y niños sencillos y pobres, como Bernadette y los pastorcillos de Fátima.

Sencillos y pobres como lo fue ella.

El señor Jesús se encarnó eligiendo a una muchacha pobre de apenas quince años como madre y a un carpintero pobre como padre adoptivo. Cuando nació solo recibieron rechazo por parte de la gente que no sabía dónde alojarlos, hasta que finalmente alguien les encontró un establo. Si lo pensamos bien, el establo de Belén seguramente fuera mejor que muchas casas de hoy donde el Señor sigue siendo rechazado y a menudo también ultrajado, porque se lo recibe de manera indigna. Una muchacha pobre de quince años junto a un carpintero pobre fueron los padres de Dios, que eligió la pobreza y no el lujo. ¡Para mí esto es increíble!, decía Carlo.

También solía comentar que el nacimiento de Jesús parecía no haber cambiado el universo exteriormente, pero en el plano espiritual nos encontrábamos en un mundo nuevo, atravesado por lo divino.

Como años antes hizo su bisabuela delante de Nuestra Señora de Pompeya, Carlo prometió a la Virgen de Lourdes rezar el rosario todos los días. Uno de los primeros rosarios que había tenido de pequeño se lo había traído de allí una tía irlandesa.

Compró unas estatuillas de plástico para rellenar con agua de la gruta y regalar a amigos, familiares y a sus queridas monjas de clausura. Su madre también llenó unos depósitos de agua y los metió en el maletero del coche.

Al caer la noche le impresionó mucho la procesión de velas encendidas que recorría el santuario mientras se rezaba el rosario.

A su llegada a Madrid decidieron visitar la ciudad. En el centro de la villa, a pocos metros de la puerta del Sol, se encuentra el monasterio de clarisas de las Descalzas Reales.

Fue fundado en el siglo XVI por Juana de Austria, princesa de Castilla y gobernadora, hija de emperador, hermana, esposa y madre de reyes.

Por su relación con la corte de los Austrias o Habsburgo, el convento guarda múltiples obras de arte de gran valor, que se pueden visitar en su museo.

Allí fueron los Acutis a hacer una visita guiada. Sabían que no se permitían animales durante el recorrido, pero la abuela sintió tanta pena de la perrita que se la metió en el bolso.

Después de cada explicación, la guía dejaba a los visitantes unos minutos para observar despacio las obras de arte. En esos momentos de silencio se oían los gruñidos de la perra. Luana tosía para que la guía no se diese cuenta, mientras Carlo se divertía y lo grababa con la cámara de vídeo.

Cerca de Madrid Carlo pudo investigar dos milagros eucarísticos. El primero está relacionado con el real monasterio de San Lorenzo del Escorial, que desde hace cinco siglos guarda una sagrada forma incorrupta. Proviene de la ciudad de Gorkum, en los Países Bajos. En 1572 unos mercenarios protestantes profanaron la catedral, rompieron con mazas de hierro el sagrario y tiraron la forma consagrada al suelo. Uno de ellos con sus botas de clavos la pisó. De los tres agujeros salió sangre.

Gracias a que uno de los mercenarios se arrepintió, un sacerdote recuperó la hostia, que llegó a manos del rey español Felipe II, gran coleccionista de reliquias y objetos religiosos.

Carlo recogió este milagro en su exposición. Y también otro ocurrido más o menos en la misma época en la ciudad de Cervantes, Alcalá de Henares.

A la iglesia de los jesuitas llegó un hombre con unas formas consagradas que junto con otros objetos religiosos habían sido robadas poco antes. Las guardaron allí durante siglos sin que se corrompiesen. En 1936, al inicio de la guerra civil española, los comunistas profanaron y saquearon miles de iglesias en todo el país. Sacerdotes, religiosos y fieles católicos murieron como mártires defendiendo sus creencias. Las hostias desaparecieron y nunca se supo si alguna patrulla de milicianos las robó o si las escondieron tres curas de la ciudad, que también fueron asesinados.

Toledo, Toletum

Lo más importante no es el amor propio,
sino la gloria de Dios

Toletum: ciudad celtibérica, romana, capital de dos imperios, uno de ellos bárbaro; reino musulmán y cuna de una de las escuelas de traductores más importantes de la Edad Media. Allí se tradujeron infinidad de escritos científicos que se dieron a conocer por toda Europa.

En el centro de la ciudad, rodeada de callejones y juderías, se levanta la catedral gótica. No solo es un símbolo religioso, sino que también encierra una historia y cultura milenarias. Las catedrales fueron el origen de las universidades, talleres de arte y lugares de ayuda a los más necesitados. Es donde se forjó la cultura occidental y europea.

De esta catedral sale desde la Edad Media la procesión del Corpus Christi, que recorre todo el casco antiguo de la ciudad, adornado con toldos, guirnaldas, farolillos, mantones y telas. Sobre el suelo, cubierto de romero, cantueso y tomillo, pasa la eucaristía en una de las custodias más ricas que se conocen y que hizo Enrique de Arfe, un orfebre alemán, sobre otra custodia más pequeña de la reina Isabel la Católica. Esta la había mandado forjar con el primer oro que se trajo de América.

Isabel, la reina guerrera y santa, cuya principal preocupación, además de ampliar las tierras del reino de Castilla, fue llevar la fe cristiana a todas las naciones. Una soberana para la que los indígenas del Nuevo Mundo fueron súbditos, no esclavos, y sentó las bases para la creación de las primeras leyes mundiales de protección de los derechos humanos de los indígenas.

Durante el viaje a España, los Acutis pararon en Toledo. Carlo conocía la procesión del Corpus Christi de la ciudad y entraron en el tesoro de la catedral a ver la custodia.

Carlo, delante de ella, exclamó: «Jesús no se merece menos».

Carlo iba apuntando todo lo que le pudiera servir para su exposición de milagros eucarísticos, y en el seminario de Toledo, uno de los más importantes del país, le hablaron de un sacerdote argentino que había estudiado allí: don Eduardo Pérez dal Lago. Este cura fue testigo de un milagro eucarístico en la iglesia de santa María en Buenos Aires en el año 1992, cuando un trozo de hostia consagrada se convirtió en carne.

El arzobispo Jorge Bergoglio, futuro papa Francisco, promovió una investigación. Tras los estudios científicos en un laboratorio estadounidense, se llegó a la conclusión de que se trataba de carne humana de corazón de una persona viva pero herida.

Carlo escribió al sacerdote por correo electrónico varias veces para informarse del milagro y poder añadirlo a su exposición.

Jornadas Mundiales de la Juventud

Juan Pablo II, el papa polaco, se daba cuenta de que el número de cristianos crecía en muchos países, pero en otros, como los europeos, católicos desde tiempos del Imperio romano, la población se alejaba poco a poco de la religión. Se estaba produciendo un proceso complicado de descristianización.

El papa tenía su esperanza puesta en los jóvenes, a los que consideraba el futuro de la Iglesia y de la sociedad.

En el año 1984 quiso celebrar un encuentro con jóvenes en la plaza de San Pedro de Roma. Llegaron cuatro veces más personas de las que se esperaba. Y el encuentro se convirtió en una fiesta para todos. En el año 1985 se repitió el evento y de nuevo acudieron cientos de miles de personas.

Y para que pudieran participar jóvenes de todo el mundo, también los que no tenían medios para viajar a Roma, nacieron las Jornadas Mundiales de la Juventud, o JMJ, que se celebrarían cada dos años en países de distintos continentes.

En 1991, mientras Carlo todavía mordía el chupete, tuvieron lugar las jornadas de Cracovia: en el año 2000, cuando Carlo ya pudo acudir al Jubileo y la consagración del mundo a la Virgen de Fátima, las JMJ se celebraron en el mes de agosto en Roma y acudieron dos millones de jóvenes. En esa ocasión el papa les dijo unas palabras que Carlo vivía cada día:

Me preguntaréis: pero ¿hoy es posible ser santos? Si solo se contase con las fuerzas humanas, tal empresa sería sin duda imposible. De hecho, conocéis bien vuestros éxitos y vuestros fracasos; sabéis qué cargas pesan sobre el hombre, cuántos peligros lo amenazan y qué consecuencias tienen sus pecados. Tal vez se puede tener la tentación del abandono y llegar a pensar que no es posible cambiar nada ni en el mundo ni en uno mismo.

Aunque el camino es duro, todo lo podemos en aquel que es nuestro Redentor. No os dirijáis a otro sino a Jesús.

El 2 de abril de 2005, víspera de la fiesta de la Divina Misericordia, murió Juan Pablo II, el papa polaco.

Millones de personas de todo el mundo pasaron por Roma para dar un último adiós al papa polaco. Otras siguieron, con dolor, su velatorio y entierro por televisión; Carlo entre ellos. Durante el funeral, el viento, o quizá el Espíritu Santo, movía las páginas de un evangelio colocado encima de su sencillo ataúd de madera.

A Carlo le asombraba y le alegraba ver tal cantidad de gente junto al papa al que tanto quería, pero no entendía por qué no acudían millones de personas a encontrarse con Jesús en la eucaristía.

Los dos años anteriores a su muerte el papa los había dedicado al rosario y a la eucaristía, por lo que Carlo consideraba estos dos aspectos de la vida cristiana como el testamento espiritual y la herencia más importante de Juan Pablo II.

Lo sucedió Joseph Ratzinger, que tomó el nombre de Benedicto XVI. Un cardenal alemán que durante muchos años había sido el principal colaborador de Juan Pablo II.

Benedicto XVI presidió en agosto de 2005 las JMJ de Colonia, en Alemania, dedicada a los tres Reyes Magos, cuyos restos se guardan en la catedral de la ciudad.

Carlo siguió aquella celebración por la televisión, en especial el encuentro de los jóvenes con el papa en Marienfeld. En un gran campo al aire libre se reunieron un millón de personas en una vigilia de oración, y participaron en la misa del día siguiente.

Durante la adoración eucarística por la noche a la luz de miles de velas el silencio cubrió el campo.

Carlo desde Italia participó en aquella adoración, como si estuviera presente.

Cuando te paras frente al sol te bronceas..., pero cuando te paras ante Jesús Eucaristía, te conviertes en santo, decía Carlo.

Instituto, 2005

*Si en todo lo que quieres aprender a hacer te comprometes
y dejas que Jesús te ayude, entonces ten por seguro
que siempre lo harás bien*

Con catorce años Carlo empezó a estudiar liceo clásico en el instituto León XIII, dirigido por los jesuitas. A él lo atraía más el bachillerato científico, pero sus padres le recomendaron el clásico porque les parecía más humanista y completo para su formación.

Enseguida se adaptó al nuevo centro y en poco tiempo daba la impresión de que llevaba allí toda la vida; Carlo siempre era cordial y familiar, afable.

También en su nuevo instituto entraba por la puerta de atrás y pasaba por la portería para saludar al conserje. Y si no iba por la mañana al entrar, lo hacía a la hora del recreo.

Le encantaba pasearse por los pasillos para hablar con otros alumnos, con los profesores y con el personal del centro.

Continuó desarrollando sus cualidades, sus aficiones y lo que se le daba mejor que cualquier otra asignatura: la informática.

Comenzó a impartir catequesis de confirmación a los chicos de su parroquia, Santa María Segreta, donde algunas veces ya había colaborado desde los once años como ayudante de catequista. Cuando no podía ir porque tenía que estudiar para algún examen, le molestaba mucho.

Carlo sabía que el futuro estaba en internet y le explicó al párroco, don Gianfranco, la importancia de tener una página web que fuera una imagen de la parroquia y donde las personas de la comunidad pudieran informarse de las actividades y hacer preguntas o sugerencias. Tras convencerlo, y comenzó a planear el diseño con la ayuda de un estudiante de ingeniería de la Universidad Politécnica de Milán.

El estudiante lo vio tan motivado por la informática que pensó en ayudarle en el futuro si se decidía por esa carrera.

También sorprendían sus conocimientos de informática y programación a informáticos profesionales y a profesores universitarios, que podían hablar con él de igual a igual. Compraba y estudiaba manuales de programación de la facultad de la universidad politécnica de Milán o de la de Roma.

Carlo, como hacía también en el colegio de las Marcelinas, ponía siempre estos conocimientos al servicio de sus compañeros. Se ofrecía para echarles una mano en las presentaciones de trabajos en clase o incluso para recuperar contraseñas olvidadas. Su tiempo libre lo dedicaba a ayudarlos.

Y, a través de un sacerdote conocido, colaboró, como un verdadero profesional de la informática, en la elaboración de alguna página del Vaticano.

¿Qué páginas web buscaba Carlo desde su ordenador? Las que necesitaba, pero no navegaba sin rumbo por la red.

Tras su muerte vieron el historial de su ordenador y no encontraron contenido violento ni sexual. Solo había cosas relacionadas con sus estudios, exposiciones y cosas sobre sus animales. También tenía un programa que lo ayudaba a rezar el rosario.

Informática

*¿De qué le sirve al hombre ganar mil batallas
si no es capaz de vencerse a sí mismo?*

Cuando Carlo vivía, internet, las redes sociales y la telefonía móvil se expandían imparables por el mundo. Las empresas comenzaban a darse cuenta de que quien no estaba en la red no existía y de que podían ganar mucho dinero.

El correo electrónico, los foros y los chats rompían barreras en la comunicación entre países y unían a habitantes de los cinco continentes.

Carlo era un genio de la informática y sabía que el futuro pasaría por ella.

Por eso utilizó las nuevas tecnologías al servicio de la fe. No tuvo miedo al utilizar estas herramientas para transmitir el Evangelio y su amor por Dios y los demás, para anunciar que Jesús ha resucitado y que somos ciudadanos del cielo. Lo hizo de una manera audaz y creativa. A través del mundo digital mostró el bien y la belleza, resaltó lo bueno de los seres humanos. Trabajó siempre en el lado luminoso de internet.

Pero también entrevió su parte negativa, su poder de atraer y de crear adicciones o de perder el tiempo en diversiones vacías y tontas. El lado oscuro capaz de destruir mentes y vidas.

Y luchó por controlarse con el uso del ordenador y los videojuegos. Él dominaba la tecnología. No se sometía a ella.

En el año 2004 se creó la red social más grande del mundo: Facebook, con más de dos mil millones de personas, un supuesto lugar de encuentro y comunicación. Después la seguirían muchas más personas.

Carlo no vio cómo internet pasaba al teléfono móvil. Ahora todos llevamos un ordenador increíble en el bolsillo, que facilita la vida y nos ayuda. Diccionarios, enciclopedias, conexión a todos los lugares del mundo, tiendas, mapas, series, películas, libros…

Pero ¿ha llegado ese momento que tanto temíamos en el que la inteligencia artificial intentaría dominar a los seres humanos?

Puede ser. Y no se parece a Terminator, como en las películas.

Adicciones, conductas compulsivas, narcisismo, niños aislados y enganchados a contenidos sexuales y violentos, jóvenes deprimidos por no parecerse a la imagen que les ofrecen los filtros de las aplicaciones o por no ser *influencers*, autoestima que depende de *likes*, aumento de autolesiones y suicidios, ciberacoso, manipulación, falta de concentración e incapacidad para comprender textos extensos.

Esta es una parte de la realidad actual, la otra cara de la moneda de la tecnología, que en sí no es buena ni mala.

Una zona luminosa y otra oscura, depende del fin para el que se utilice.

En nuestra mano y en nuestro móvil está saber utilizarla bien. Tú decides cuándo y cuánto apagas y en qué zona te sitúas.

Voluntariado

Solo Dios es todo el bien

Carlo en el instituto enseguida se sintió atraído por la actividad de voluntariado. Se le ofrecía otra oportunidad para ayudar a gente desfavorecida. Con esa actividad no solo ayudaba a personas pobres, sino también a los demás alumnos a darse cuenta de las necesidades de los que los rodeaban y a agradecer todo lo que tenían.

Si nunca has sentido hambre de verdad, de la que te destroza las entrañas y no tienes a nadie alrededor que la sufra, quizá te sea indiferente. Dramas como el frío, la falta de electricidad o agua corriente para beber o ducharte... El no saber dónde vas a dormir al día siguiente.

Los dramas del primer mundo son otros, por ejemplo, no tener buena cobertura o wifi, que la comida no te guste o esté fría, que se agote en la tienda una marca de zapatillas, o que llueva y haya que suspender una barbacoa. Problemas bastante diferentes.

Carlo sabía cómo usar el ordenador y la cámara de vídeo, y lideraba las iniciativas solidarias de su clase.

Se ofreció también para hacer la web del voluntariado. Quería crear una página atractiva que ayudara a involucrar a los alumnos, que los despertara de su comodidad. Cuando acabó el primer curso escolar, Carlo estuvo todo el verano trabajando en la web. Utilizó Dreamweaver, un programa profesional para la creación de sitios web, que entonces no sabía usar casi nadie de su edad.

Diseñó un anuncio para presentarlo a un concurso a nivel nacional con otros colegios, organizado por la televisión pública italiana. El eslogan decía: «Tú serás voluntario». También hizo un CD.

El equipo de alumnos que participaba en el voluntariado solía tener reuniones a las que asistían también algunos padres, que los ayudaban. Estos se quedaban impresionados por la implicación y el liderazgo de Carlo, que arrastraba y ejercía una influencia positiva en sus compañeros.

Fuera del instituto Carlo continuaba ayudando a las personas sin hogar, como voluntario en el comedor de los capuchinos y también en el comedor de las monjas de la madre Teresa de Calcuta, en el barrio de Baggio.

Vivía como si no tuviera dinero y no se compraba nada innecesario, y seguía dando su paga y lo que le regalaban en Navidad a los pobres que pedían en Santa María Segreta y a los que veía cuando iba a misa. Se detenía a hablar con ellos y les preguntaba por sus vidas. No solo daba limosna, hacía amigos.

Matteo, uno de esos mendigos, un día le habló de su amiga Giuseppina, a la que había conocido en un refugio. Se encontraba enferma y se estaba dejando morir frente a la iglesia en unos bancos del parque. Carlo pidió permiso a su madre para llevarle comida y alguna prenda de ropa para que la mujer pudiera cambiarse. Convenció a su madre para que llamase a una ambulancia y llevarla al hospital Benefratelli, donde estuvo internada cuarenta días hasta que se recuperó. Y después rogó a su madre que hiciera gestiones para conseguirles una casa de protección oficial donde pudieran vivir.

A veces su madre lo acompañaba a la estación central de la ciudad para ayudar también a los mendigos que se encontraban allí. En una ocasión se toparon con dos personas sin techo que dormitaban en un banco. Se dio cuenta de que uno estaba muy enfermo. Carlo pidió a su madre que lo llevaran al hospital. Y cuando se curó, lo alojaron durante un tiempo en un pequeño apartamento que tenía la familia.

Se había dado cuenta de que no es necesario irse lejos para ser solidario. Intentaba ayudar siempre que podía a los que lo rodeaban.

Acoso

El sacrificio es un ramo de rosas a la Virgen, que lo usará para ayudar a sus hijos más necesitados

Igual que en el colegio, en el instituto Carlo luchaba contra el acoso escolar.

Notaba enseguida qué alumnos no estaban integrados en clase. Se interesaba por ellos, los ayudaba y acompañaba en el recreo para que no se sintiesen solos. Les hacía sentirse importantes y necesarios.

¿Quién decide en un aula el que es superior o inferior?

¿Qué es la fama y la popularidad?

Humo.

¿Por qué rechazamos a algunos jóvenes por ser diferentes, cuando esconden a menudo cualidades excepcionales y necesarias en la sociedad?

Las etiquetas están para cortarlas.

Si me necesitas, estaré contigo siempre para ayudarte, le decía Carlo a uno de sus amigos.

Un día en el colegio, mientras desataban sus bicicletas para regresar a casa, el amigo le contó que tenía miedo de que lo insultasen por sacar buenas notas. Algo que le ocurría desde primaria. Carlo lo tranquilizó enseguida.

Carlo era consciente de las luchas y problemas de los demás y tenía una forma muy especial de acercarse a las personas. Con afecto pero con respeto.

También solía defender a una chica india, de la que se burlaban por llevar sari.

No soportaba las críticas a las personas ni que se hablara mal de otros delante de él, pero no condenaba ni juzgaba a quien se equivocaba, daba confianza y seguridad.

Contracorriente

Hacía falta que el Evangelio fuera anunciado
a todos, como dijo Jesucristo

En el instituto Carlo también nadaba contra corriente. No escondía su fe. En un ambiente poco cristiano, era firme en sus convicciones y sabía defender sus creencias delante de todos. Siempre con respeto hacia los que no pensaban como él. Era amable, pero no sumiso.

No se avergonzaba de ser el único de la clase en levantar la mano y apuntarse a un grupo de comunidad de vida cristiana, o de decir que estaba a favor del nacimiento de un bebé indefenso y contra el aborto.

Para clase de Religión realizó un trabajo sobre la inseminación artificial. Quedó abrumado al descubrir que en el mundo había millones de embriones congelados que sobraban de las pruebas de inseminación y que estaban abandonados a su suerte... o a su muerte. Seres humanos que acabarían quizá en un laboratorio de experimentación.

Sacrificados en el altar del dinero.

Si hubiera sido mujer, decía, habría adoptado uno de esos embriones de «desecho» y se lo habría implantado para darle la oportunidad de nacer.

En una ocasión fue un misionero a clase de Religión para hablar de su vida en China, una dictadura contraria a la libertad religiosa, que controla cada movimiento de sus ciudadanos. A Carlo le parecía una vida muy interesante y le molestó que sus compañeros no lo respetasen y estuvieran cuchicheando durante su intervención.

Siempre que tenía una oportunidad hablaba de Dios a los amigos que podían comprender y tenían dudas sobre religión. Un compañero de clase le preguntó:

—¿Y si Dios no existiese?

—Habría que inventarlo —contestó Carlo, usando una frase de Dostoievski, el escritor ruso.

—¿Por qué? —insistió su amigo.

—Porque necesitamos ser buenos, y solos corremos el riesgo de deprimirnos o de volvernos unos idólatras.

También realizó, para clase de Religión, un trabajo sobre los judíos, a los que apreciaba mucho. Dios podría haber elegido cualquier tribu o nación del mundo para nacer, pero escogió una pequeña aldea a orillas del Mediterráneo. El pueblo elegido donde nacería el Mesías. Y Carlo consideraba que el mayor regalo que hizo Dios a los seres humanos fue enviar a su hijo unigénito Jesús a salvarlos.

Nunca hacía distinciones con las personas de otras religiones. Pensaba que el diferente no era peligroso, era su hermano.

En el año 2002 siguió por televisión y con mucho interés un encuentro interreligioso que, como otros años, organizó Juan Pablo II en Asís y al que invitó a líderes de todas las religiones mundiales. Carlo dijo al respecto: «Con estos encuentros interreligiosos el papa fue seguramente inspirado por Dios, porque de esta manera da a todos la posibilidad de conocer y de amar a Jesucristo, el único salvador del mundo, de quien depende la salvación de todos los hombres».

Santos

La santificación no es un proceso de suma,
sino de resta. Menos yo para dejar espacio a Dios

Si te imaginas a los santos como niños buenos y perfectitos con cara de memos y haciendo cosas raras, te equivocas.

Todos los santos tuvieron defectos, pero quisieron mucho a Dios y con su apoyo luchaban por ser mejores y por querer y ayudar a las personas que los rodeaban.

Muchos hicieron milagros y protagonizaron hechos extraordinarios, como el padre Pío, pero otros vivían una vida corriente a la que añadían amor. Al sumar el amor, lo pequeño se hace grande; lo ordinario, extraordinario; lo imperfecto, perfecto.

«Al atardecer de la vida nos examinarán del amor», afirmaba san Juan de la Cruz.

Dios no se fijará en lo populares que fuimos, ni en las notas que sacamos, ni en el trabajo que tuvimos (ya sea de director del banco más importante del mundo o de jardinero), ni en la familia que formamos, ni en los *likes* ni seguidores. Solo se fijará en el amor que pusimos en ello.

Y la santidad no es algo exclusivo para unos pocos elegidos «especiales». Es para todos los cristianos.

Podéis ser santos, lo importante es querer serlo, decía.

También explicaba que en un día soleado, cuando miramos un lago claro y sereno, es fácil ver su entorno reflejado en él. Y lo mismo debería ocurrir con nuestra alma, si es tan clara y serena como ese lago. Dios la mirará y verá su propia imagen reflejada en ella, y así le daremos toda la gloria.

Carlo se exigía, era estricto consigo mismo y no se dejaba pasar ni una. Pero no era obsesivo ni iba por la vida de perfecto.

Y no solo luchaba con las cucharadas de Nutella o la consola.

Le habían regalado un diario que utilizaba para su mejora personal. Calificaba su comportamiento con notas buenas o malas y en él escribía, por ejemplo, cómo se portaba con sus padres, compañeros y profesores, o si había hecho bien las tareas de clase. Si la nota no era buena, al día siguiente intentaba hacerlo mejor.

También solía escribir en el ordenador ideas que se le ocurrían.

Amor

Si Dios es dueño de nuestro corazón,
nosotros seremos dueños del infinito

¿A Carlo le gustaban las chicas? Sí.

Muchas compañeras mariposeaban a su alrededor. Carlo era guapo, rico y muy simpático.

Las trataba bien y con respeto.

Tenía una amiga que estaba muy interesada en la informática y le pidió que le enseñase y le diera lecciones. Carlo aceptó y le decía a menudo: «Si uno sabe utilizar de verdad el ordenador, también debe ser capaz de descifrar los programas, si no quiere decir que es un simple operador y no un programador».

Durante una temporada la chica estaba muy triste y se encontraba deprimida porque la acababa de dejar un chaval con el que salía. Así que pidió a Carlo que le diera un beso de consolación. Él aceptó y le dio un beso en la mejilla. Una chica afortunada.

¿Vivimos en una sociedad experta en sexo pero que desconoce el amor verdadero?

Amor profundo, no solo el enamoramiento, ese sentimiento inicial y superficial de atracción física.

Carlo sabía que a través de los medios de comunicación se puede manipular a los jóvenes cuando aún no están preparados ni son maduros para elegir ni entregarse.

Las modas y las ideologías juegan con el deseo de amor y la generosidad de los adolescentes que no tienen sentido crítico.

¿A qué precio?

Carlo intuía que los jóvenes, cuando no desarrollan espíritu crítico ante la realidad, acaban por perder la libertad.

Los manipuladores ofrecen amor falso en envoltorios de plástico fino y endeble, como el papel de fumar. Pasiones que decepcionan, que hieren y que a la larga nos encierran en un caparazón de desconfianza.

Muchos jóvenes no descubren la trampa, caen en la pornografía y utilizan a los demás como objetos de placer, no como personas de gran valor. Diversión vacía, afán de poseer. Se vuelven impermeables al amor, incapaces de conocer la ternura.

Aislamiento, soledad.

La impureza es algo tan terrible que no solo mancha el cuerpo, sino también el alma; procuremos ser limpios y puros de corazón en todos los aspectos de nuestra vida, recordemos que solo los puros de corazón verán a Dios, decía Carlo.

Los seres humanos no somos caramelos de chupar y pasar. Fuimos creados a imagen y semejanza de Dios, reflejo de su luz, dignos de ser amados en profundidad y para siempre.

Necesitamos a alguien que apueste por nosotros, que se muera por pasar el resto de su vida a nuestro lado. Una persona que no solo se acerque para satisfacer su deseo de placer, sino que se abra a un TÚ y quiera conocerte y cuidarte.

¿Existe alguien así? Existe.

No te entregues a quien no te valora y te ofrece amor, pero solo quiere que le proporciones placer barato.

Cuando Carlo veía que sus amigos salían con cualquiera, sin pensarlo demasiado, rápido, sin esfuerzo, sin trabajar la relación, sin preocuparse de verdad por la otra persona y sin sentirse valorados, se lo decía. Igual que cuando se enteraba de que alguien tomaba drogas.

Carlo no despreciaba la sexualidad, la consideraba tan importante en la vida de las personas (puesto que nos convierte en colaboradores con la creación de Dios) que quería seguir las instrucciones que él nos ha dado para usarla bien.

Eso son los mandamientos, las «instrucciones del fabricante» que nos enseñan a usar la máquina de nuestra vida.

Dios no es un padre justiciero que solo quiere que cumplamos mandamientos sin sentido o listas de obligaciones y que le sirvamos como esclavos. Dios es padre y madre. Nos ha creado, nos ama. Y para que no nos perdamos en el mar de la vida, nos ha dado un GPS, un faro, unos mandamientos con los que seremos felices y llegaremos a buen puerto.

Recuerda, Dios no te asegura un mar sin tormentas, pero sí un faro con luz que te guíe.

Tú decides.

María

El rosario es la escalera más corta
para subir al cielo

Pero en la vida de Carlo había una mujer con la que pasaba un rato cada día.

«¡La Virgen es la única mujer de mi vida!», afirmaba. Y con ella rezaba todos los días el rosario, a veces cuando iba en bicicleta por la calle. Para él el rosario era la cita más galante del día.

Se alegró mucho cuando Juan Pablo II añadió los misterios luminosos al rosario y completó el recorrido por la vida de Jesús: el bautismo, las bodas de Caná, el anuncio del reino de Dios, la transfiguración en el monte Tabor y la institución de la Eucaristía.

Al rezar el rosario incluía la oración que la Virgen de Fátima enseñó a los pastorcitos el 13 de julio de 1917: «¡Oh, Jesús mío, perdona nuestros pecados, líbranos del fuego del infierno, lleva al cielo a todas las almas, especialmente a las más necesitadas de tu misericordia! Amén».

Sabía que la Virgen lo acercaría a Jesús.

¿Quién mejor que la Virgen María puede enseñarnos a entrar cada vez más en la intimidad de las tres personas de la Santísima Trinidad, siendo la madre de Jesús, nuestro Dios y nuestro Redentor, y la esposa del Espíritu Santo?

«Seguramente Dios nunca le negará nada, ya que es la criatura a la que más ama», escribió Carlo.

A lo largo de su vida varias veces repitió la consagración al Corazón Inmaculado de María, tanto en Pompeya como en Milán, por ejemplo en la iglesia de la calle Sant'Antonio, donde le regalaron una medalla con una cinta azul que guardó como uno de sus más preciados tesoros. Alguna vez también invitó a sus primos de Roma a unirse a él, cuando iban a pasar la Navidad a su casa.

Solía llevar la medalla escapulario de la Virgen del Carmen, de gran tradición. En la Edad Media la Virgen prometió a san Simón Stock que quien llevara el escapulario se libraría del infierno. Y también llevaba la medalla milagrosa que María entregó en París a santa Catalina Labouré.

Batallas

*Después de la eucaristía, el santo rosario
es el arma más poderosa para combatir al demonio*

La manera de rezar el rosario en la actualidad tiene que ver con una ciudad conquistada por el islam, un continente amenazado, la unión de varios reinos y una batalla.

Al este de Europa se levantaba una de las ciudades más importantes del mundo, Constantinopla, capital del Imperio bizantino. Esta se encontraba amenazada por sus vecinos, los turcos otomanos, que deseaban sus riquezas.

En 1453 la ciudad fue invadida y cayó en manos del imperio musulmán hasta el día de hoy.

Los otomanos, invencibles, se expandían por el mar Mediterráneo y amenazaban con conquistar toda Europa.

El papa Pío V y los venecianos pidieron ayuda al rey de España y se unieron en una coalición, llamada la Liga Santa, de la que formaban parte estos reinos más el italiano de Génova, Malta y Saboya, y que encabezaba España.

7 de octubre de 1571, golfo de Lepanto, Grecia, mar Mediterráneo. Los barcos otomanos se enfrentaron a los cristianos. Estaba en juego la libertad de Europa y la fe.

Don Juan de Austria, el general, en la nave capitana levantó estandartes con la imagen de Jesús crucificado y de la Virgen. Los soldados se arrodillaron ante ellas.

El papa pidió a todos los fieles que rezasen el rosario durante la batalla y rogaran la ayuda de la Virgen María.

El rosario había comenzado siglos antes a rezarse en monasterios de clausura, aunque de otra manera, y después las órdenes de franciscanos y dominicos lo extendieron por Europa.

La Virgen también se había aparecido años antes a santo Domingo de Guzmán, para pedirle que difundiera su rezo como arma poderosa.

Tras un duro enfrentamiento en las aguas griegas, los cristianos ganaron la batalla y detuvieron el ataque musulmán durante un tiempo.

Mientras el papa Pío V rezaba, supo de manera milagrosa que la victoria era cristiana. Semanas después llegó la noticia a Roma.

Uno de los soldados que resultó herido, de nombre Miguel de Cervantes, escribió que aquella batalla fue «la más memorable y alta ocasión que vieron los pasados siglos, ni esperan ver los venideros».

El papa, seguro de la ayuda de la Virgen, instituyó la fiesta de Nuestra Señora de las Victorias el día 7 de octubre. Y el rosario, como lo conocemos ahora, comenzó a rezarse por todos los reinos católicos del continente.

En el rosario, según los días de la semana, se contemplan los distintos momentos de la vida de Jesús y de María, y se repiten padrenuestros y avemarías. Es sencillo de rezar y es el arma más poderosa, como las galeras y soldados de Lepanto, para luchar contra las tentaciones y el mal, y para pedir por las personas a las que queremos y que necesitan ayuda.

Asís

La caridad que la Virgen tiene con todos nosotros
me da una gran esperanza

Su nombre era Giovanni, pero sus amigos y familia lo llamaban Francesco. Era elegante, caballeroso y se dedicaba con su padre al negocio de los paños en Asís, Italia. Le gustaba vivir bien, el lujo, las fiestas y los trovadores.

Tras pasar unos meses en la cárcel por un enfrentamiento armado y sufrir una larga enfermedad, comenzó a plantearse el sentido de su vida.

Un día entró a rezar en la iglesia de San Damián, que se encontraba medio abandonada, y oyó una voz que parecía provenir del crucifijo de madera que presidía el templo: «Vete, Francisco, repara mi iglesia. Ya lo ves: está hecha una ruina».

El joven se lo tomó de manera literal y consiguió dinero para arreglar los muros de aquel lugar.

Con el tiempo comprendió que la Iglesia que debía reparar no era de piedra ni de argamasa, y que necesitaba dejarlo todo, incluso su propia ropa, y abrazar la pobreza para regresar a la sencillez del Evangelio. Aquel sería su gran proyecto de vida.

Pronto se unieron a él y a su proyecto otras personas, como Clara o Antonio de Padua.

Y allí nació la orden mendicante franciscana que renovó la Iglesia católica en la Edad Media.

Desde que tenía cuatro años, Carlo también fue con su familia de vacaciones a Asís, donde tiempo después compraron una casa. Decía que era el lugar en el que más feliz fue en su vida, que allí se respiraba un aire diferente al de otras ciudades que conocía.

Le encantaba pasear por los campos que rodean la ciudad en compañía de sus padres, sus perros, amigos o primos. Solía llevar la cámara para hacer fotos o vídeos del paisaje.

Cuando estaba con sus primos, que no tenían ninguna formación cristiana, les enseñaba Asís y su patrimonio cultural y religioso. Los llevaba a las iglesias para acercarlos a algo más espiritual.

También tenía dos amigos, Jacopo y Mattia, hermanos, que veraneaban en la casa de su abuela. Mattia era de la edad de Carlo y Jacopo algo más pequeño.

Con estos amigos jugaba a menudo al fútbol. A veces, como suele ocurrir entre hermanos, Mattia se metía con Jacopo, lo trataba mal y se peleaban. Si estaban en casa, Carlo llamaba al hermano mayor y lo echaba a la calle durante media hora.

También iban juntos a bañarse a la piscina municipal. Carlo enseguida se hizo amigo de los salvavidas y los ayudaba a limpiarla. Uno de ellos se dio cuenta de que a Carlo le gustaban mucho los animales porque con la red intentaba salvar a los mosquitos que caían al agua.

El último verano de su vida pidió permiso a sus padres para trabajar de camarero en las instalaciones de la piscina. Carlo quería ganar él mismo su propio dinero y luego dárselo a los necesitados. Sus padres aceptaron.

Mientras se encontraba en la piscina no solo jugaba con sus amigos, sino también con niños más pequeños, como los hijos de su vecina.

Y en Asís no solo se acercaba a gente joven o a niños, sino que también visitaba a personas mayores y ancianos, como a un vecino que tenía noventa años, o a otro con el que vio los partidos del mundial de Alemania, que se celebró en 2006.

Las vacaciones en Asís lo acercaron a la figura de san Francisco, del que había leído varios libros desde que era pequeño. Visitaba los lugares donde vivió el santo o paseaba por el Vía Crucis. Sus sitios preferidos eran la iglesia de la Porciúncula y la basílica de San Francisco, donde rezaba delante de su tumba.

Pidió a sus padres que lo llevaran a La Verna, un santuario a más de cien kilómetros de Asís, donde el santo recibió los estigmas de un ángel.

Allí san Francisco pidió al Señor probar un poco del amor y el dolor que Jesús sintió en la cruz. Los estigmas son la señal de la pasión de Cristo y aparecen en algunos santos como el propio san Francisco de Asís, el padre Pío, santa Gema Galgani o Ana Catalina Emmerick.

Carlo también realizó allí algunos cursos de ejercicios espirituales y meditó sobre la pasión de Jesús y su entrega en la cruz. Vio con claridad cómo la santa misa era la renovación de ese sacrificio.

Si lo pensamos bien, el sacrificio de la cruz, sucedido hace dos mil años, se representa de manera incruenta en todas las misas que se celebran cada día. Como Juan, también nosotros podemos unirnos al mismo sacrificio de la cruz y demostrar así nuestro amor a Dios participando cada día de la santa misa. No podemos rechazar la invitación de Jesús para unirnos a él.

A Carlo le impresionaba mucho la humildad de san Francisco y estaba muy lejos de sentirse humilde. Consideraba la humildad una de las virtudes más difíciles de conseguir y decía, «nosotros somos unos ilusos porque en cuanto alguien nos dice algo que nos disgusta, enseguida nos enfadamos».

Pero la gente que lo conoció afirmaba que Carlo era un chico sencillo, acogedor y humilde, que no hacía distinción de personas y no tenía prejuicios. Carlo hizo suya la máxima: a más privilegio, más responsabilidad.

Por ejemplo, en su casa tenía detalles con las señoras que venían a limpiar. Carlo no quería que al llegar tuvieran que recoger su desorden y se levantaba antes para hacer la cama y tener la habitación ordenada.

Además, la austeridad y pobreza del santo le ayudaban a vencer su mayor defecto: la glotonería.

Carlo admiraba también el amor de san Francisco por los pobres. En Asís, como en Milán, la mirada de Carlo recorría las calles de la ciudad y buscaba necesitados. Encontró a uno que dormía en un parque y le llevaba la cena desde su casa o le daba algo de dinero.

Y por último a Carlo también lo atraía el amor que san Francisco tenía por la eucaristía, como él.

«Creo que tú, Jesús, estás en el Santísimo Sacramento. Te amo y quiero estar contigo. Ven a mi corazón para que te abrace. Nunca me dejes. Te suplico, Señor, que el ardiente y dulcísimo poder de tu amor se apodere de mi mente y así yo sepa morir por amor de tu amor, que tuvo la compasión de morir por amor de mi amor», le decía el pobre de Asís a Jesús.

Aunque a Carlo lo atraían muchos rasgos de la personalidad de San Francisco, algunos aspectos de su vida le resultaban difíciles de imitar.

Otro santo de la orden franciscana por el que se sentía atraído era san Antonio de Padua, apóstol de la eucaristía y también pobre como san Francisco.

Había visitado varias veces su tumba. Durante su estudio de milagros eucarísticos recogió uno de san Antonio que le había impresionado mucho.

San Antonio se encontraba en la ciudad italiana de Rímini. La misma localidad a orillas del mar donde siglos después Carlo tuvo la idea de hacer su exposición. Allí había un grupo de herejes cátaros a los que Antonio quería convertir. Para ello les habló de la eucaristía. Y los había convencido a todos, excepto a Bonvillo, un hombre muy poderoso de gran prestigio.

—No queremos razones, queremos pruebas. Solo creeremos que Jesucristo está de verdad presente en la hostia que tú dices santa si lo pruebas con un milagro —le dijo Bonvillo.

—¿Qué tipo de milagro? —preguntó san Antonio.

—Tengo una mula en casa. La dejaré tres días seguidos sin comer ni beber. Al tercer día nos encontraremos en la plaza: tú, con la eucaristía que dices que es Cristo, y yo con la mula y una ración de cebada. Si la mula, hambrienta, al presentarle la cebada, la deja y adora la eucaristía, entonces creeremos y nos convertiremos a vuestra fe.

San Antonio aceptó y rezó mucho durante esos tres días.

Bonvillo, su mula y san Antonio se encontraron en la plaza, y también todos los habitantes de la ciudad que habían acudido a ver qué ocurría. San Antonio llevaba en una custodia el cuerpo de Cristo.

Toda la plaza guardaba silencio.

Bonvillo sacó la cebada y la puso delante de la mula. San Antonio dijo a la mula:

—En el nombre del Señor, a quien yo tengo en mis manos, te mando que hagas una reverencia a tu Creador, para que todos entiendan la verdad de este altísimo Sacramento y sepan que hasta las criaturas irracionales están sujetas a su Creador.

La mula no prestó atención a la cebada y dobló las dos patas ante la sagrada hostia.

Bonvillo cumplió su palabra y regresó a la fe católica y con él todos los cátaros de la ciudad.

Carlo escribió sobre este suceso: «Sin duda, el animal fue inspirado directamente por el Señor para confundir la incredulidad de la mayor parte de los hombres, que seguramente habrían preferido disfrutar de una buena comida antes que adorar al Señor».

Misa

La eucaristía es mi autopista hacia el cielo

«Cuando llegó la hora, se puso a la mesa con los apóstoles y les dijo: "Con ansia he deseado comer esta Pascua con vosotros antes de padecer; porque os digo que ya no la comeré más hasta que halle su cumplimiento en el reino de Dios". Y recibiendo una copa, dadas las gracias, dijo: "Tomad esto y repartidlo entre vosotros; porque os digo que, a partir de este momento, no beberé del producto de la vid hasta que llegue el reino de Dios". Tomó luego pan, y, dadas las gracias, lo partió y se lo dio diciendo: "Este es mi cuerpo, que es entregado por vosotros; haced esto en recuerdo mío"». (Lc 22, 14-19)

El hilo conductor que daba sentido a la vida de Carlo llegaba hasta el sagrario de la iglesia, donde está Jesús en la eucaristía. ¿O quizá ese hilo salía de allí?

Desde su primera comunión hasta su muerte continuó yendo todos los días a misa para encontrarse con Jesús, estar cerca de su mejor amigo y seguir profundizando en este misterio.

La misa era el centro de su día a día. Y alrededor de ella tejía su existencia.

Si la familia se iba de vacaciones, Carlo preguntaba en el hotel, donde se encontraban, por la iglesia más cercana.

Si estaba enfermo, rezaba una comunión espiritual, una oración eucarística.

«Vamos directos al paraíso si nos acercamos a la eucaristía todos los días», solía decir.

¿Es la misa aburrida? ¿No dice el sacerdote más o menos siempre lo mismo?

Carlo entendió enseguida que participaba en el milagro más extraordinario de la historia.

Con los frutos de la eucaristía cotidiana las almas se santifican de manera sublime y no corren el riesgo de vivir situaciones peligrosas que pondrían en riesgo su salvación eterna.

Carlo no participaba en la misa de manera pasiva, solo contestando a las palabras del cura durante las diferentes partes, sino de un modo activo. Además, notaba si el sacerdote la celebraba de manera mecánica, lo que entristecía sobremanera a Carlo, o si mostraba devoción verdadera y fe en Dios.

Carlo creía que puesto que los sacerdotes son las manos extendidas de Cristo, deben dar testimonio del Señor con entusiasmo y ellos mismos deben ser modelos luminosos y no repetidores automáticos de un rito litúrgico en el que no ponen su propio corazón y en el que no brilla su propia fe en Dios.

Ese esfuerzo que ponemos en participar en la misa, y que resulta costoso, abre la mente a una realidad superior. Te hace decir, como los discípulos de Emaus: «¿No ardía nuestro corazón, mientras nos hablaba en el camino y nos explicaba las Escrituras?». (Lc 24, 32)

El momento más importante de la misa es la consagración, cuando el sacerdote pronuncia las palabras que convierten el pan y el vino en el cuerpo y sangre de Jesús. Sobre ello escribía Carlo: «¿Quién más que un Dios, que se ofrece a Dios, puede interceder por nosotros? Durante la consagración es necesario pedir las gracias a Dios Padre por los méritos de su hijo unigénito Jesucristo, por sus santas llagas, su preciosísima sangre y las lágrimas y dolores de la Virgen María, que al ser su madre, puede interceder por nosotros mejor que nadie».

Cuando terminaba la consagración y Jesús ya estaba delante de él solía repetir la siguiente oración:

Por el Corazón Inmaculado de Jesús y por el Corazón Inmaculado de María, te ofrezco todas mis peticiones y te pido que me las concedas.

O también repetía una oración que le había enseñado una monja de clausura:

Llagas de Jesús, bocas de amor y misericordia para nosotros, hablad de nosotros al Padre Celestial y conseguidnos una transformación interior.

Cuando ya había recibido la comunión, le decía: «Jesús, ¡ponte cómodo! ¡Siéntete como en casa».

Adoración

Estando ante Jesús Eucaristía uno se convierte en santo

Había cosas que desconcertaban a Carlo. Se preguntaba por qué a menudo se veían filas kilométricas de personas que esperaban a la puerta de un concierto de rock, un partido de fútbol o una película, y no encontraba las mismas colas para visitar a Jesús en la eucaristía. Las personas no se daban cuenta de lo que se perdían. Si lo hicieran, las iglesias estarían llenas y sería imposible entrar.

¡Podemos encontrar a Dios, con su cuerpo, su alma y su divinidad, presente en todos los tabernáculos del mundo! Si lo pensamos, nosotros somos mucho más afortunados que aquellos que vivieron hace dos mil años en contacto con Jesús, porque tenemos a Dios «realmente y sustancialmente» presente con nosotros, siempre, basta con visitar la iglesia más cercana.

¡Jerusalén está en cada iglesia! ¿Por qué desesperar? Dios siempre está con nosotros y jamás nos abandona. Pero ¿cómo pueden comprender esta verdad las personas? Son muchísimos los que forman largas filas para asistir a un recital o a un partido de fútbol, pero no veo las mismas filas llenar las iglesias para visitar a Jesús presente en la eucaristía y esto debería hacernos reflexionar… ¡Tal vez la gente todavía no lo ha entendido bien! Jesús está corporalmente presente entre nosotros como lo estuvo durante su vida mortal en medio de sus amigos. Si reflexionáramos en serio sobre este hecho no lo dejaríamos tan solo en el tabernáculo mientras él nos espera con amor para ayudarnos y sostenernos en nuestro camino terrenal.

Antes o después de la misa Carlo se sentaba frente al sagrario y rezaba para agradecer a Jesús por el gran don que hace a los hombres al estar realmente presente en el sacramento de la eucaristía.

Recordaba las palabras de Jesús tras resucitar:

«Yo estoy con vosotros todos los días hasta el fin del mundo». (Mt 28, 20)

Y sabía que se encontraba ante el cuerpo y la sangre de nuestro Señor Jesucristo, presente realmente en el mundo, como cuando en tiempo de los apóstoles y los discípulos podían verlo caminar en carne y hueso por las calles de Jerusalén.

Carlo luchaba por no distraerse y pedía por su familia o sus amigos, por personas que tenían problemas, daba gracias a Dios, lo alababa y adoraba. Se sentía querido y buscado por Jesús. Y le daba pena que otras personas no comprendiesen aquel regalo.

Cuando alguien le preguntaba qué hacía durante la adoración, contestaba: «No hablo con palabras, solo me recuesto sobre su pecho, como san Juan en la cena».

Solo Juan, el apóstol más joven, apoyó su cabeza sobre el corazón de Jesús, y solo él tuvo fuerza para seguirlo hasta la cruz. Allí recibió a María como madre y ella lo aceptó como hijo. Y con él a todos nosotros.

Carlo lo encontraba maravilloso, porque todos los hombres están llamados a ser como Juan, discípulos predilectos. Basta con volverse almas eucarísticas, permitiendo a Dios que obre en nosotros las maravillas que solo él puede hacer. Pero es necesaria la adhesión libre de nuestra voluntad. Dios no desea forzar a nadie. Quiere nuestro amor libre.

Jesús eligió a un joven inexperto que tenía toda la vida por delante, a un pescador que no sabía nada de leyes religiosas, pero abierto a recibir la fuerza del espíritu.

Un joven con esperanza, sin prejuicios, dispuesto a amar.

Juan escuchó los latidos del corazón de Jesús y no lo traicionó ni lo abandonó.

¿Dónde está el corazón de Jesús? En la eucaristía. Carlo había estudiado decenas de milagros eucarísticos. Algunos de ellos, como el de Buenos Aires en Argentina o el de Lanciano en Italia, fueron analizados por médicos independientes. En Lanciano en el año 750 d. C. un vaso de vino consagrado se convirtió en sangre, y la hostia, en carne. En el siglo xx una comisión de la Organización Mundial de la Salud estudió los fragmentos conservados y llegaron a la conclusión de que se trataba de tejido vivo del miocardio, el músculo del corazón.

El corazón de Dios.

Fue mientras Carlo rezaba delante de un sagrario cuando lo conoció don Gianfranco, el párroco de Santa María Segreta, adonde llegó en el año 2000. Cuando le preguntó qué hacía allí, Carlo le contestó que rezar le permitía sentirse «más ligero» en casa, con sus padres, en el colegio y con sus compañeros.

Siempre pensaba en los demás. Era su estilo.

No dudaba. La eucaristía lo atrapó.

Me gusta hablar con Jesús acerca de todo lo que vivo y lo que siento, le decía a don Gianfranco.

En otro momento se sinceró con él: «Padre, dígame si me equivoco, pero el Señor es el único a quien no debemos pedir audiencia con antelación. A él puedo confiarle siempre cualquier cosa, incluso puedo quejarme, preguntarle en su silencio y decirle aquello que no comprendo. Y luego, encuentro en mi interior una palabra que él me manda: un momento del Evangelio que me envuelve con persuasión y seguridad».

En una ocasión el párroco lo invitó a ir con un grupo de conocidos a una peregrinación a Tierra Santa. Carlo le contestó: «Prefiero quedarme en Milán porque están los tabernáculos de las iglesias donde puedo encontrar a Jesús en todo momento y por eso no siento la necesidad de ir a Jerusalén. Tenemos Jerusalén en casa».

Y añadió también: «Si Jesús está siempre con nosotros, donde quiera que haya una hostia consagrada, ¿qué necesidad hay de hacer una peregrinación a Jerusalén para visitar los lugares donde vivió Jesús hace dos mil años? ¡Entonces también habría que visitar los tabernáculos con la misma devoción!».

Los curas y religiosos que lo conocieron más de cerca se preguntaban si realmente no tendría vocación de sacerdote.

¿Alguna vez Carlo se lo planteo? Sí, y se lo comentó a su madre unos meses antes de morir. Era verano y estaban de vacaciones.

—¿Tú crees que debo ser sacerdote?

—Lo irás viendo tú solo. Dios mismo te lo irá desvelando —contestó ella.

Jobs

Carlo siempre tuvo la sensación de que el tiempo era un regalo de Dios y que se le escapaba de las manos. No quería perderlo y lo aprovechaba, como si fuera oro.

Cada minuto que pasa es un minuto menos para santificarnos, solía decir.

Le gustaban mucho algunas frases de Steve Jobs, el genio de la informática fundador de Apple, sobre todo una del famoso discurso que dio en la universidad de Stanford en junio de 2005:

Vuestro tiempo es limitado, así que no lo desperdiciéis viviendo la vida de otro. No os dejéis atrapar por el dogma, que es vivir según el resultado de las creencias de otros. No dejéis que el ruido de las opiniones ajenas silencie vuestra propia voz interior. Y lo más importante: tened el coraje de seguir a vuestro corazón y vuestra intuición. De algún modo ellos ya saben lo que tú en realidad quieres ser.

Todo lo demás es secundario.

Navidad, 2005

En Milán se celebra una antigua tradición cristiana. El día 31 de diciembre se reúne toda la familia y se realiza un sorteo con los nombres o estampas de santos protectores. Los Acutis también lo hacían. Y cada año Carlo sacaba a la Sagrada Familia, la Virgen María, Jesús o Dios Padre. Su familia le gastaba bromas y le decían que tenía recomendación en el cielo, porque no le tocaban santos «normales».

En la Navidad de 2005 Carlo sacó la estampa de san Alejandro de Sauli, obispo de la orden barnabita y patrón de los estudiantes, cuya festividad se celebra el 11 de octubre.

Fátima, 2006. Consagración al Corazón Inmaculado de María. Segunda parte

Nuestra meta debe ser el infinito, no lo finito

La consagración al mundo del papa polaco delante de la imagen de la Virgen de Fátima tiene más historia que la del Jubileo del año 2000.

Año 1917, Europa se encontraba inmersa en la Primera Guerra Mundial. El 13 de mayo tres niños pastores, Lucía, Jacinta y Francisco, de diez, siete y ocho años, sacaron a pastar a las ovejas a un campo de nombre Cova da Iria en Portugal. Allí se les apareció la Virgen María.

El año anterior habían visto a un ángel, que se presentó como el ángel de Portugal. Este los preparó para el encuentro con la Virgen.

Lo vieron tres veces. En la primera les rogó que rezaran, en la segunda pidió oración y sacrificio por los pecadores, y en la tercera se presentó con un cáliz sobre el que se encontraba suspendida una hostia que goteaba sangre.

Les dijo: «Tomad el cuerpo y bebed la sangre de Jesucristo, horriblemente ultrajado por los hombres ingratos. Reparad sus crímenes y consolad a vuestro Dios».

Este milagro Carlo se lo solía contar a personas que no iban a misa los domingos y decía que la gente parecía «iluminarse» al oírlo.

La primera vez que la Virgen se presentó ante los pastorcillos les habló y les dijo que venía del cielo.

Cinco veces más se encontraron los pastores con la Virgen, que siempre les pedía que rezasen el rosario por la paz del mundo y la conversión de los pecadores. En una de ellas les pidió la consagración de Rusia a su Corazón Inmaculado y explicó: «Si esto no se hace, Rusia propagará sus errores por el mundo (…), algunas naciones serán aniquiladas».

Los niños no sabían lo que significaba la palabra «Rusia» y al principio pensaron que se refería a una señora desconocida.

En octubre de 1917, la Virgen, durante su última aparición, prometió un milagro que pudieron ver miles de personas que se habían reunido alrededor de los pastores. Durante unos minutos se produjo el milagro del sol, que pareció temblar en una especie de danza.

En octubre de 1917 estalló la revolución bolchevique en Rusia, en la que llegó al poder un político de nombre Vladímir Lenin y sus compañeros comunistas. Instituyeron una de las dictaduras más terribles conocidas, la Unión Soviética. Prometían la igualdad de todos, pero solo ofrecían igualdad en la miseria. Desapareció la libertad y dominaron los países que estaban a su alrededor, entre ellos Polonia. Murieron miles de cristianos martirizados.

La consagración al Sagrado Corazón de María como la había pedido la Virgen en Fátima la realizó Juan Pablo II, el papa polaco, en 1984.

Y la dictadura poco después desapareció.

Carlo quería mucho a la Virgen de Fátima. Estuvo ligado a ella desde su bautismo, ya que en la iglesia donde lo bautizaron había una capilla dedicada a su imagen.

A Carlo lo impresionaba la vida de los tres pastores, cómo rezaban y los sacrificios que hacían por amor a Dios. Le gustaba conocer la historia de las apariciones, por lo que y durante un viaje que realizó con sus padres a Francia leyó el diario de sor Lucía, la única de los tres niños que no murió de pequeña y que acabó siendo monja de clausura.

Jacinta y Francisco fallecieron durante la epidemia de gripe que asoló Europa en el año 1918.

Carlo tenía grabada una frase que dijo la Virgen en la cuarta aparición, en agosto de 1917: «Rezad, rezad mucho y haced sacrificios por los pecadores, porque muchas almas se van al inferno por no tener quien se sacrifique por ellas».

Y rezaba por las personas que estaban alejadas de Dios. A Carlo también le llamaban la atención tres hechos relacionados con las apariciones.

Durante el primer encuentro, cuando los niños le preguntaron a la Virgen si irían al cielo, María les dijo que Lucía y Jacinta sí, pero respecto a Francisco contestó: «También irá, pero tiene que rezar antes muchos rosarios».

Esta respuesta inquietó a Carlo, que les dijo a sus padres: «Si Francisco, que era tan bueno, tan noble y tan sencillo, tuvo que recitar tantos rosarios para ir al paraíso, ¿cómo podré merecerlo también yo, que en comparación con él soy tan poco santo?».

Después, los tres pastores preguntaron a la Virgen por dos amigas que habían fallecido hace un tiempo. De una de ellas, llamada Amelia, que tenía entre dieciocho y veinte años, la Virgen dijo: «Pues estará en el purgatorio hasta el fin del mundo».

Cuando Carlo leyó esa respuesta hizo muchas preguntas y se quedó pensativo durante el viaje.

También le dio que pensar la descripción del infierno que escribió sor Lucía:

Al decir estas últimas palabras abrió de nuevo las manos como los meses anteriores. El reflejo parecía penetrar en la tierra y vimos como un mar de fuego. Sumergidos en este fuego estaban los demonios y las almas, como si fuesen brasas transparentes y negras o color bronce, de forma humana, que flotaban en el incendio llevadas por las llamas que salían de ellas mismas, junto con nubes de humo, y caían hacia todos los lados, semejante a la caída de pavesas en grandes incendios, pero sin peso ni equilibrio, entre gritos y lamentos de dolor y desesperación, que horrorizaban y hacían temblar de miedo (…).

Los demonios se distinguían por sus formas horribles y asquerosas de animales espantosos y desconocidos, pero transparentes como negros tizones en brasa.

Asustados y como pidiendo auxilio miramos a Nuestra Señora, que nos dijo, con bondad y tristeza:

—Habéis visto el infierno, donde van las lmas de los pobres pecadores. Para salvarlas Dios quiere establecer en el mundo la devoción a mi Inmaculado Corazón. Si hacéis lo que yo os digo, se salvarán muchas almas y habrá paz.

Carlo pensaba que si las almas en realidad corren el riesgo de condenarse, como muchos santos han testimoniado y las apariciones de Fátima han confirmado, no entendía por qué hoy casi no se habla del infierno, porque es algo tan terrible y aterrador que le asustaba solo de pensarlo.

En el año 2006 viajó con sus padres a Fátima. Tenía muchas ganas de conocer no solo el santuario, sino los lugares de las apariciones de la Virgen, del ángel en la Loca do Cabeço y la casa de los pastores en el pueblo de Aljustrel, a dos kilómetros del lugar de las apariciones.

Tuvieron la suerte de que unas monjas portuguesas amigas de su madre les enseñaran los lugares y también una exposición sobre las apariciones que tenía lugar en la casa de Jacinta y Francisco. Carlo siguió las explicaciones con mucha atención. Durante ese viaje conoció al padre Louis Kondor, uno de los sacerdotes que más sabían sobre los pastorcitos.

En Portugal también tuvo oportunidad de visitar Santarém, una ciudad muy cercana a Fátima. En esta villa durante la Edad Media ocurrió uno de los milagros eucarísticos más importantes de Europa.

Una mujer robó una forma consagrada para llevársela a una hechicera y preparar un filtro de amor a su marido. Por el camino, la hostia comenzó a sangrar. La guardó en un cajón y por la noche la habitación brillaba como si fuera de día. La devolvieron al párroco de la iglesia, donde estuvo sangrando tres días más. La hostia de Santarém ha sangrado varias veces más a lo largo de los siglos, y también ha sido estudiada en innumerables ocasiones.

Kit para ser santo

Como la santidad consiste más en querer a Dios y a los demás que en seguir listas interminables de prohibiciones y consejos, Carlo ideó para sus niños de catequesis su kit para hacerse santo.

Algo sencillo, sin complicaciones, como el Espíritu Santo.

1) Tienes que querer ser santo con todo tu corazón, y si no lo quieres todavía, pídelo de manera insistente al Señor.

   Hacer cosas sin estar convencido, sin sentirse libre y por obligación nos aleja de nuestro Padre. Somos hijos de Dios, no esclavos.

2) Procura ir a la santa misa todos los días y recibe la santa comunión.

   En la eucaristía te encontrarás con Jesús vivo.

3) Acuérdate de rezar el santo rosario todos los días. Cuesta poco y vale mucho. Es la mejor arma con la que cuentas en tus batallas diarias.

4) Lee un pasaje de la Sagrada Escritura cada día. La Biblia no es un libro desfasado de otra época, en ella encontrarás la palabra de Dios.

5) Si puedes, haz unos momentos de adoración eucarística frente al sagrario, donde Jesús está realmente presente, así verás cómo tu nivel de santidad aumentará de una manera increíble.

6) Si puedes, confiésate cada semana, incluso de los pecados veniales. Dios te espera para darte un abrazo y perdonar tus errores y equivocaciones. Suelta el peso de tus pecados.

7) A menudo haz propósitos y peticiones a Nuestro Señor y a Nuestra Señora para ayudar a los demás.

   Nadie se salva solo, somos miembros de una gran familia. Las personas que nos rodean necesitan nuestra ayuda. Una mirada atenta te hará darte cuenta de los sufrimientos ajenos.

8) Pide continuamente ayuda a tu ángel de la guarda, que se convertirá en tu mejor amigo.

   Te ha acompañado desde que naciste y te protegerá hasta que mueras.

Caminos

*Todos nacen como originales, pero muchos
mueren como fotocopias*

Tienes que…
Debes…
Nunca vas a…
¿Y esas pintas…?
¿Con ese aspecto…?
¿No te da vergüenza?
¿Así crees que llegarás a…?
¿Tienes seguidores?
¿Y *likes*?
¿Eres popular?

Naciste como un ser único y amado. Como es único tu camino. Un camino propio y original. No eres un número de bingo ni has caído en el mundo por casualidad.

Tu vida es un regalo de gran valor, de los caros. Y Dios desde toda la eternidad ha pensado para ti un proyecto irrepetible.

Eres libre y eliges. Puedes andar por tu camino y disfrutar de él. Ser tú mismo. O puedes copiar lo que hacen los demás, parecerte a ellos, aparentar, seguirlos, recorrer senderos grises, sintiéndote siempre un extraño de tu propia existencia. Tirar el regalo de tu vida y tu libertad a la basura.

Tan ridículo como copiar de un compañero sin darte cuenta de que todos los exámenes son diferentes.

Los otros dirigirán tu camino, pero no te levantarán cuando te caigas. Su mirada no te buscará entre los cartones de la fragilidad. Bueno, quizá sí te busquen: para venderte algo.

¿Y si en tu camino, que dirigen otros, te pierdes, y confundes lo urgente con lo importante o lo práctico con lo valioso? Espero que algún cartel te indique que lo importante y lo valioso no cuestan dinero y hacen feliz.

Solo los que hagan la voluntad de Dios serán de verdad libres, decía Carlo.

Equilibrio

Encuentra a Dios y encontrarás el sentido de tu vida

Carlo no esperaba una existencia brillante y perfecta, pero sí una vida propia, intensa, con sabor, basada en unos cimientos fuertes, atravesada por el hilo inquebrantable del amor.

¿Una vida cómoda o estar cómodo en la vida?

Carlo eligió lo segundo y tuvo una vida feliz en la que encajaba con armonía y como en un puzle todas las piezas: el instituto, Dios, la informática, la eucaristía, sus amigos, su familia, sus mascotas…

Logró mantener un equilibrio interior, sabía ser moderno y vivir en el mundo actual, y a la vez era espiritual y vivía dentro de Dios.

Pasión por la vida, alegría de vivir.

Confesión

El defecto más pequeño nos tiene anclados al suelo,
como los globos que se mantienen abajo
a través del hilo que se sujeta con la mano

Carlo permanecía vigilante para estar limpio y no cometer pecados. Aunque Dios nos quiere siempre y de manera incondicional, el pecado lo ofende y nos aleja de él.

«Lo único que realmente tenemos que temer es el pecado», aseguraba Carlo.

«No da igual hacer las cosas bien o mal. No seguir los mandamientos que nuestro Padre nos ha dado nos separa del proyecto que tiene para cada uno de nosotros.

Si la gente se diera cuenta del riesgo que se corre al desobedecer los mandamientos de Dios, le prestaría más atención a no cometer pecados graves y se dedicaría mucho más a advertir a los hermanos que viven de manera poco coherente con el bautismo que han recibido», afirmaba.

Carlo no quería ofender a Dios a través del pecado. Pero sabía que era imperfecto y que a veces se pasaba con la comida, que hablaba de más o llegaba tarde a clase. Pensaba en lo que había hecho mal y pedía perdón a Dios. Pero, ¿cómo sabía que lo había perdonado?

«Dicho esto, (Jesús) sopló sobre ellos y les dijo: "Recibid el Espíritu Santo. A quienes perdonéis los pecados, les quedan perdonados; a quienes se los retengáis, les quedan retenidos"». (Jn 20, 19-23)

Jesús dio el poder de perdonar los pecados a través de la confesión a los apóstoles y sus sucesores. No le cuentas tus errores a un sacerdote, se los cuentas a Jesús. Y él mismo te perdona, si estás arrepentido y cumples la penitencia.

Como el padre misericordioso del hijo pródigo, que esperaba el regreso de su vástago para cubrirlo de besos. Dios te deja libre, pero te espera.

Carlo se confesaba a menudo con don Mario Perego, un sacerdote de su parroquia. Tenía mucho interés en tensar ese hilo de amor que recorría su vida con la eucaristía, con sus padres y con sus amigos, en mejorar en sus estudios y aficiones. Con la ayuda de Dios deseaba corregir sus defectos y crecer en virtudes.

Don Mario decía de él:

Era un chico de una transparencia excepcional, muy limpio. Quería mejorar en todo: ya fuese en el cariño a sus padres, con los que aprendió el amor al Señor, participando de manera activa en las reuniones de la comunidad y también en la eucaristía los días de diario. Además de perfeccionar la amistad con sus coetáneos, con los compañeros de colegio; y aplicándose con seriedad a profundizar en las distintas materias escolares, informáticas, culturales y religiosas. Para agradar al Señor y sentirse cada vez más impulsado a mejorar, se acercaba cada semana al sacramento de la reconciliación, feliz de escuchar la voz del Señor.

También el sacerdote de Bolonia al que conoció su madre cuando era pequeño, y al que visitaba a menudo, decía de él:

Me venía a ver todos los meses a Bolonia. Casi siempre, al final, el joven Carlo me pedía confesarse. La severidad del juicio que Carlo aplicaba a su persona lo llevaba a confesar incluso las faltas más leves.

Carlo comparaba la confesión con un globo aerostático. El globo aerostático para elevarse necesita soltar lastre, así como el alma para elevarse al cielo necesita eliminar esos pesos pequeños que son los pecados veniales.

Si hubiera un pecado mortal, el alma cae al suelo, y la confesión es como el fuego que eleva al cielo el globo aerostático. Es necesario confesarse con frecuencia porque el alma es muy complicada.

Le impresionaban dos anécdotas de san Francisco de Asís y de san Juan Bosco sobre la confesión y el peligro de morir en pecado mortal.

La confesión nos libera de las cargas.

Fin

La muerte es el comienzo de una nueva vida

Carlo hacía planes de futuro, llevaba una vida normal, pero siempre tuvo presente que moriría antes o después, como todos. Y sabía que nuestro tiempo en este mundo es muy corto y pasa muy rápido.

Cuando en familia hablaban del futuro solía decir: «Si seguimos vivos mañana y pasado mañana, no puedo asegurarte cuántos años más viviremos, porque solo Dios conoce el futuro».

Hacía planes de presente. Cuando murió, acababa de terminar un vídeo para el voluntariado. La fecha de exposición era el 4 de octubre, pero ya no pudo participar porque se encontraba hospitalizado.

¿Y si supieras cuándo vas a morir? ¿Grabarías unos meses antes un vídeo anunciándolo?

Carlo lo hizo. Se grabó con su móvil. En él aparece con una camisa azul de rayas, se dirige a la cámara. Parece dudar unos segundos antes de hablar, mira hacia otro lado y luego dice: «Peso 70 kilos y estoy destinado a morir».

Y aplaude mientras esboza una sonrisa.

Esto fue dos meses antes de su fallecimiento.

¿Cómo lo supo? ¿Qué ocurrió en ese tiempo? ¿Por qué le decía a Rajesh desde pequeño que permanecería siempre joven y que fallecería de un derrame cerebral?

Y cuatro días antes de morir, al entrar en el hospital anunció a sus padres que ya no saldría de allí.

Nuestra sociedad nihilista vive en un torbellino continuo para no pensar en la muerte, el fin de toda existencia.

Carlo miraba de frente a la hermana muerte, como la llamaba san Francisco de Asís. Y sabía que su patria era la eternidad.

Como san Juan, siguió su Vía Crucis detrás de Jesús hasta el Calvario.

«A menudo se vive con demasiada prisa y se hace todo lo posible para olvidar que antes o después también nosotros subiremos al Gólgota. Ya desde que nacemos nuestro destino terreno está señalado: estamos todos invitados a subir al Gólgota y tomar nuestra cruz», aseguraba Carlo.

Milán, octubre de 2006

El Gólgota es para todos. Nadie escapa de la cruz

A principios de octubre varios compañeros de la clase de Carlo tuvieron síntomas de gripe o catarro y no fueron al instituto; él también notó malestar y comenzó a sentir dolor de cabeza y a vomitar. Sus padres llamaron al médico, que en un principio pensó que se podía tratar de paperas.

Cuatro días más tarde, Carlo encontró sangre en la orina. El médico aconsejó a su madre que llevase una muestra a analizar a un laboratorio por si se trataba de una infección. El resultado fue negativo, pero Carlo no mejoraba.

El día 8 Carlo empeoró muchísimo y sus padres llamaron al pediatra que lo había tratado desde que era pequeño. Les recomendó llevarlo inmediatamente al hospital De Marchi, especializado en enfermedades sanguíneas, donde él trabajaba.

Su padre ese mismo día llamó al monasterio de Perego, donde Carlo había hecho la primera comunión, para contar a las religiosas que se encontraba muy enfermo y pedir que rezaran por él.

Mientras Carlo estaba en la cama del hospital, dijo a sus padres: «Ofrezco al Señor los sufrimientos que tendré que padecer por el papa y por la Iglesia, para evitar el purgatorio e ir directo al cielo».

En ese momento sus padres no se tomaron la frase demasiado en serio ni le dieron importancia.

Carlo se enfrentaba cara a cara a la muerte, a la que no temía, pero no quería pasar por el purgatorio.

Los médicos enseguida descubrieron que se trataba de la peor leucemia que existía, una M3, y se lo dijeron a los padres: «La posibilidad de que sobreviva es mínima y el desenlace, inminente».

Padres

Tu único hijo se muere.

Dos mil años antes, una madre, María, rodeada de otras mujeres fuertes contemplaba a su hijo que agonizaba delante de ella de la manera más terrible, como un delincuente en el patíbulo: «Y a ti una espada te traspasará el alma», le habían predicho años antes.

María sabía que ese no era el final.

Pero ningún padre está preparado para la muerte de un hijo. Padres que se quedan huérfanos.

Desaparece la persona a la que se ha acompañado a lo largo de su trayectoria vital. Se marcha con Jesús y saben que no es el final, pero la separación desgarra el alma.

«Si solo mirara la muerte de mi hijo de una manera terrenal, no habría podido consolarme. Carlo me enseñó a mirarlo a través de los ojos de la fe. Murió sin tener que experimentar tentaciones demasiado importantes en la vida, o enfrentar obstáculos solo. Fue amado, realmente amado. Fue la forma en que aceptó la voluntad de Dios, con una sonrisa, sin quejarse nunca. Estaba realmente centrado en Dios, y creo que este era su secreto», decía Antonia, su madre.

Monza, octubre de 2006

Palabras de vida eterna, palabras sobre la vida eterna,
palabras para la vida eterna, palabras de eternidad

El responsable de hematología de la clínica, por ley, debía informar también a Carlo de la enfermedad y del tratamiento que recibiría para curarse.

El médico fue directo con él y, quizá con poco tacto, le dijo que podría salvarse o morir en 35 minutos.

Cuando el médico se marchó, Carlo sonrió y dijo a sus padres: «Dios me ha dado una alarma».

Después añadió: «Mamá, me gustaría dejar este hospital, pero sé que no lo haré con vida. Sin embargo, te daré señales de que estoy con Dios».

Unas horas más tarde fue internado en la UCI y se le puso un casco para facilitar la respiración. Era demasiado incómodo, sobre todo cuando tosía, y también le impedía dormir.

Su madre pudo quedarse con él dentro de la habitación hasta la una de la madrugada. Después salió y pasó fuera toda la noche con la abuela Luana, por si surgía algún problema.

El hospital se encontraba frente a la iglesia de la orden barnabita, donde está enterrado san Alejandro de Sauli, el santo protector de Carlo ese año.

El médico decidió trasladarlo al hospital San Gerardo de Monza, especializado en aquel tipo de leucemia.

Cuando cruzaba la puerta del hospital, Carlo dijo a su madre: «De aquí ya no salgo».

Allí su madre y su abuela también podrían dormir con él en la habitación. En otros momentos lo acompañaban su padre o Rajesh. Y Carlo agradecía mucho que su familia se encontrara a su lado.

Ellos sabían que iba a morir, pero albergaban la esperanza desesperada de que podría curarse. Carlo también se daba cuenta de que le quedaba poco tiempo.

«Estoy contento de morir porque he vivido mi vida sin malgastar ni un minuto en cosas que no le gustan a Dios», dijo a sus padres.

La actitud de Carlo, serena, sin quejas, aceptando el sufrimiento y la enfermedad, llamaba la atención de las enfermeras y de los médicos.

Quizá en ese momento recordara las palabras de Jacinta Marto, la pastorcita de Fátima, que tantas veces había leído: «Si los hombres supieran lo que es la eternidad, harían todo para cambiar de vida».

El día 10 los padres preguntaron a Carlo si quería que viniera un sacerdote a darle la unción de enfermos, un sacramento para ayudarnos en el momento de la enfermedad y la muerte.

Carlo aceptó.

Cuando don Sandro, el capellán del hospital, entró en la habitación del fondo del pasillo, se encontró a un chico muy enfermo, pálido, pero sereno. Notó que Carlo hacía esfuerzos por recibir el óleo sagrado y sanador, y a Jesús en la eucaristía.

Esperaba a su amigo Jesús como la primera vez que lo recibió en el pequeño monasterio, vestido de blanco. Pero esta era la última vez en la tierra. Y llevaba un pijama de enfermo terminal.

Incluso en el hospital, sabiendo que era el final de su vida, la mirada serena de Carlo se fijaba en los demás. Medía 1,83 y, aunque casi no tenía fuerzas, intentaba ayudar a las enfermeras que lo movían en la cama. Se daba cuenta de que su madre dormía muy poco, de que su abuela, su padre y Rajesh estaban cansados y preocupados. Sonreía cuando le preguntaban cómo se encontraba.

La leucemia en estado terminal provoca unos dolores terribles, y Carlo tenía las piernas y los brazos hinchados y llenos de líquido, pero cuando una médico le preguntó si sentía mucho dolor, él contestó: «Hay gente que sufre más que yo».

Al día siguiente, el 11, festividad de san Alejandro de Sauli, su santo protector de ese año, a las dos de la tarde le introdujeron un respirador en la tráquea, le preguntaron cómo se encontraba y entre susurros contestó que bien. Media hora más tarde entraba en coma y lo llevaron a la UCI donde le hicieron un lavado de sangre para eliminar las células leucémicas. Parecía que Carlo mejoraba.

Pero la esperanza se esfumó en los que lo rodeaban cuando tuvo una hemorragia en el cerebro que lo llevó a la muerte cerebral a las 17.00. Los médicos decidieron no quitar el respirador hasta que el corazón del chico no dejara de latir.

Su familia rodeaba su cuerpo, en el Calvario, rotos de dolor, mientras veían cómo el hilo que los unía a Carlo se rompía. ¿O quizá esperaban la espada del centurión que le atravesara el corazón?

Padre, en tus manos encomiendo mi espíritu.

Una noche entera, rodeados de tiniebla y llanto, sin comprender aún por qué.

Tan joven, tan inteligente, tan guapo, tan bueno.

Tan Carlo.

Dentro del dolor los minutos pasaban despacio y las horas parecían eternas.

A las 6.45 de la mañana del jueves 12 de octubre, la víspera de la última aparición de Fátima y la festividad de la Virgen del Pilar, patrona de la hispanidad, el corazón de Carlo dejó de latir.

Pesaba 70 kilos.

Carlo se despidió de la vida bella que tanto amaba.

Su Padre Dios saldría al encuentro para abrazarlo, cubrirlo de besos e invitarlo a un increíble banquete de bienvenida.

Por supuesto, con Nutella.

Carlo había ido todos los días al banquete que Jesús le ofrecía en la eucaristía, y este sería eterno.

Dejaba atrás a su familia, a sus amigos y compañeros, a los que había querido y ayudado, a Beata, a Rajesh y a Briciola, su perra y protagonista de sus películas.

¿Por qué se marchaba tan pronto?, se preguntaban todos aturdidos.

Entre cartones a la puerta de su parroquia esperaban su mirada los pobres a los que daba de cenar y arropaba con sacos de dormir y mantas de cariño.

Y los porteros del barrio se asomarían en vano para ver pasar al chico simpático de la bicicleta.

Sobre su mesa quedó el ordenador con su trabajo de voluntariado sin presentar, y sus vídeos y webs con los que intentaba que todos conocieran a Jesús, su mejor amigo.

Una Biblia y un catecismo, libros de informática y su camiseta de la selección inglesa con el nombre de Scholes. Su rosario.

Un saxofón.

Una sonrisa.

Un «estaré contigo siempre para ayudarte».

Post mortem

El verdadero discípulo de Jesucristo es aquel que en todo busca imitarlo y hacer la voluntad de Dios

Un joven esperaba un trasplante de los órganos de Carlo, que no llegaron, ya que se encontraban dañados por la enfermedad.

Pidieron permiso para llevar a Carlo a su casa y velarlo allí. Aún les quedaba el consuelo de permanecer al lado de su cuerpo unas horas más.

La noticia de la muerte tan repentina de Carlo corrió entre amigos y conocidos del colegio y del instituto.

Colocaron el féretro encima de la cama de su habitación y pasaron cientos de personas a despedirse de él, de su sonrisa, de su alegría y de su optimismo.

En un rincón su profesora particular lloraba sin consuelo; aquella muerte le dolía como si fuera la de su propio hijo.

Rajesh también sentía que no solo había perdido a un amigo y a un maestro, sino a un hijo.

Carlo fue enterrado en la tumba familiar en Ternengo, un pueblo en el Piamonte, al norte de Italia.

El sábado 14 de octubre se celebró el funeral en su parroquia, Santa María Segreta. Presidía el párroco, don Gianfranco, al que le costaba creer que Carlo hubiera muerto.

Había tanta gente que muchos tuvieron que participar en la misa desde la calle. Además de cientos de personas conocidas por su familia, allí estaban los sintecho, mendigos y necesitados a los que Carlo ayudó. Y sus amigos porteros daban el pésame a sus padres, que no los conocían, y les decían lo que Carlo había hecho por ellos.

La gente lloraba, rezaba por Carlo, pero sabían que eran oraciones de ida y vuelta, y que él ya se encontraba con Jesús, al que tanto había querido en la eucaristía. El dolor se palpaba, pero no era un sufrimiento sin esperanza.

Durante el funeral, una prima de Rajesh decidió bautizarse y reconciliarse con una sobrina con la que no se hablaba.

Al terminar la misa, a las 12, por casualidad, comenzaron a sonar las campanas de la iglesia que tocaban a fiesta.

Pocas semanas después de su fallecimiento, su madre encontró el vídeo en el que anunciaba su muerte.

«Peso 70 kilos y estoy destinado a morir», decía.

En enero de 2007 se pudo trasladar su cadáver al cementerio de Asís. Su madre le había preguntado antes de morir si quería que compraran allí una tumba para enterrarlo. A él le pareció buena idea. Descansar mirando a la basílica de San Francisco y al valle, donde había corrido con sus perros y jugado al fútbol con sus amigos.

Años después, sus padres tuvieron dos hijos más, gemelos, Francesca y Michele. Carlo se lo había anunciado a su madre.

Su recuerdo no solo permaneció en todos los que lo conocieron, sino que su fama comenzó a extenderse por el mundo, así como sus exposiciones.

El hilo que atravesaba el corazón de Carlo, en realidad, no se rompió, todavía hoy rodea y envuelve a todos los que lo quisieron y lo conocieron. Pero también a miles de personas que no vivieron a su lado.

A todos los que creen que es posible, como Carlo hizo, amar a su Padre Dios y a las demás personas.

Milagros

Cuando un católico ha vivido las virtudes como un héroe, ha sido fiel a Dios y ha amado a los demás, se convierte en modelo para otras personas y en intercesor ante Dios.

A algunos de ellos la Iglesia los reconoce primero como beatos y después como santos.

Se realiza una investigación profunda. También es necesario que se produzca un milagro importante por intercesión de la persona que podría ser declarada beata o santa, y que el milagro pueda ser investigado por una comisión de médicos independientes.

Era el 12 de octubre de 2013, aniversario de la muerte de Carlo. En el santuario de nuestra Señora de Aparecida, en Brasil, el sacerdote se disponía a bendecir a los fieles con una reliquia de Carlo, un trozo de pijama. Las personas comenzaron a acercarse a ella para tocarla o besarla, mientras pedían por sus necesidades.

Allí estaba la familia de Matheus, un niño de cuatro años con una malformación en el páncreas. Todo lo que comía lo devolvía y se encontraba en un estado extremo de debilidad. Su madre rezaba desde hacía años por su curación. El abuelo de Matheus lo llevó en brazos ante la reliquia de Carlo. El niño, mientras la tocaba, pidió: «Quisiera poder no vomitar más».

En ese momento, Matheus notó que se había curado. Al llegar a casa pidió comida, que digirió de una manera normal. Cuando los médicos lo examinaron, observaron que la malformación del páncreas había desaparecido y el niño se encontraba sano.

El 10 de octubre de 2020, durante la pandemia de coronavirus Carlo fue beatificado por la iglesia, que lo reconoció como modelo de joven católico. Su tumba se encuentra en la parroquia de Santa María la Mayor, el santuario de la Expoliación, en Asís. Allí donde san Francisco se quitó la ropa y dejó todas sus pertenecías.

Aquello no fue un final.
Fue un principio.

Carlo

Abierto Accesible Activo Agradecido Alegre Alentador Amable Amigable Armónico Atento Atractivo Caballeroso Cercano Claro Comprensivo Comunicativo Concreto Contento Convincente Decidido Discreto Dulce Ecologista Educado Eficiente Elegante Equilibrado Espiritual Espontáneo Estable Excepcional Fiel Franco Fresco Fuerte Generoso Gentil Glotón Hablador Humilde Inocente Íntegro Inteligente Irónico Leal Libre Luminoso Manso Moderno Oportuno Optimista Pacífico Piadoso Profundo Puro Prudente Respetuoso Sabio Sencillo Sensible Sereno Simpático Sincero Sobrio Sociable Sonriente Tímido Tranquilo Transparente Valiente Vivaz

Así era Carlo según los testimonios de los que lo conocieron.

Francisco

En todas las situaciones oscuras o dolorosas que mencionamos hay salida. Por ejemplo, es verdad que el mundo digital puede ponerte ante el riesgo del ensimismamiento, del aislamiento o del placer vacío. Pero no olvides que hay jóvenes que también en estos ámbitos son creativos y a veces geniales. Es lo que hacía el joven venerable Carlo Acutis.

Él sabía muy bien que esos mecanismos de la comunicación, de la publicidad y de las redes sociales pueden ser utilizados para volvernos seres adormecidos, dependientes del consumo y de las novedades que podemos comprar, obsesionados por el tiempo libre, encerrados en la negatividad. Pero él fue capaz de usar las nuevas técnicas de comunicación para transmitir el Evangelio, para comunicar valores y belleza.

No cayó en la trampa. Veía que muchos jóvenes, aunque parecen distintos, en realidad terminan siendo más de lo mismo, corriendo detrás de lo que les imponen los poderosos a través de los mecanismos de consumo y atontamiento. De ese modo, no dejan brotar los dones que el Señor les ha dado, no le ofrecen a este mundo esas capacidades tan personales y únicas que Dios ha sembrado en cada uno. Así, decía Carlo, ocurre que «todos nacen como originales, pero muchos mueren como fotocopias». No permitas que eso te ocurra.

No dejes que te roben la esperanza y la alegría, que te narcoticen para utilizarte como esclavo de sus intereses. Atrévete a ser más, porque tu ser importa más que cualquier cosa. No te sirve tener o aparecer. Puedes llegar a ser lo que Dios, tu Creador, sabe que eres, si reconoces que estás llamado a mucho. Invoca al Espíritu Santo y camina con confianza hacia la gran meta: la santidad. Así no serás una fotocopia. Serás plenamente tú mismo.

Papa Francisco, *Christus vivit,*
exhortación apostólica 104-107 (2019)

Agradezco a Antonia Salzano, madre de Carlo, y a su secretaria, Isabel Reyes, la ayuda prestada. También a Diego Olivera, de La Rioja, Argentina, y a D. Eduardo Pérez Dal Lago.

Índice

Colección biografía joven

1. **Pasión por la verdad** (San Agustín)
   Autor: Miguel Ángel Cárceles

2. **El joven que llegó a Papa** (Juan Pablo II)
   Autor: Miguel Álvarez

4. **La madre de los más pobres** (Teresa de Calcuta)
   Autora: María Fernández de Córdova

5. **La descubridora del radio** (María Curie)
   Autora: Mercedes Gordon

6. **Un genio de la pintura** (Velázquez)
   Autora: Mercedes Gordon

7. **Camino de Auschwitz** (Edith Stein)
   Autora: María Mercedes Álvarez

8. **La formación de un imperio** (Carlos V)
   Autor: Godofredo Garabito

9. **Los pastorcillos de Fátima** (Lucia, Francisco y Jacinta)
   Autor: Miguel Álvarez

10. **Un arquitecto genial** (Antoni Gaudí)
    Autor: Josep Maria Tarragona

11. **Un corazón libre** (Martin Luther King)
    Autores: José Luis Roig y Carlota Coronado

12. **Una vida para la música** (Johann Sebastian Bach)
    Autora: Conchita García Moyano

Carlo Acutis

CUADERNO DOCUMENTAL

¿Quién fue Carlo Acutis?

Carlo fue un joven italiano que destacó por el cariño que profesaba a Dios y a las personas que lo rodeaban. Su corta vida, de solo quince años, trascurrió entre clases, deporte, informática y amigos. Siempre encontraba tiempo para ayudar a sus compañeros cuando iban mal en los estudios, impartir catequesis a los niños de su parroquia, colaborar en comedores sociales y socorrer a los indigentes de su barrio.

El momento más importante de su día era su encuentro en la santa misa con Jesús, al que estuvo siempre muy unido. También tenía mucha devoción a la Virgen María y a los santos.

Murió de leucemia en 2006.

Nacimiento en Reino Unido

Carlo nació el 3 de mayo de 1991 en Londres, ciudad en la que trabajaban sus padres, Andrea Acutis y Antonia Salzano. Fue bautizado el 18 de mayo en la iglesia Our Lady of Dolours rodeado del cariño de sus parientes más cercanos. La familia Acutis permaneció en Londres hasta septiembre de 1991, cuando se mudaron a Milán, una ciudad del norte de Italia.

Infancia en Milán

Carlo nació el 3 de mayo de 1991 en Londres, ciudad en la que trabajaban sus padres. Después de asistir a la guardería de Parco Pagano, comenzó a estudiar en el colegio religioso de las Hermanas Marcelinas. Era un niño muy abierto y simpático, y le encantaba jugar con sus compañeros.

Cuando tenía cuatro años apareció en su vida Beata, una niñera polaca. Fue la primera persona que le habló de Dios y de la fe cristiana. Carlo enseguida se sintió atraído por la religión y comenzó a preguntar, con interés, por las verdades de fe. Su familia era católica pero no practicante, así que su madre comenzó a estudiar Teología para ayudarle a resolver sus dudas.

Cuando Beata se marchó, llegó a su casa, como asistente, un joven llamado Rajesh, natural de las islas Mauricio, del que Carlo se hizo muy amigo. Rajesh, de religión hindú, acabó bautizándose gracias al ejemplo y las explicaciones de Carlo.

A los siete años Carlo hizo la primera comunión. Para poder recibir a Jesús antes de la edad establecida pidió permiso al obispo; la ceremonia se celebró en el monasterio de Perego, un pequeño pueblo al norte de Italia. Desde entonces fue a misa todos los días hasta su muerte.

Vida cotidiana

Carlo desde pequeño amaba la naturaleza y los animales. En su familia solían tener varias mascotas: perros, gatos y peces. Carlo los cuidaba y grababa películas en las que ellos eran los protagonistas.

También le gustaban mucho los deportes, entre ellos el tenis y el esquí, y jugaba al fútbol con sus amigos. Carlo era muy sociable y le encantaba estar rodeado de gente. En el colegio siempre ayudaba a los compañeros de clase que no se integraban y defendía a los que sufrían acoso.

En verano pasaban las vacaciones en Palinuro, un pueblo a orillas del mar Mediterráneo, o en Asís.

En 2005 comenzó a estudiar bachillerato en el instituto León XIII de Milán. Se integró enseguida en el nuevo colegio y lideró, con sus conocimientos informáticos, la actividad de voluntariado.

Carlo y la informática

Carlo desde pequeño destacó por sus dotes para la tecnología y la informática. Estudiaba programación con libros universitarios y colaboraba con el diseño de algunas páginas web. También jugaba a videojuegos con sus amigos y primos.

Con sus conocimientos de informática ayudaba a sus amigos y compañeros del colegio que tenían problemas, por ejemplo, con presentaciones para la clase.

Buscaba en internet material para sus lecciones de catequesis, pero como aún había poco colgado, decidió realizar él mismo unas exposiciones virtuales sobre milagros eucarísticos, la Virgen María, ángeles y demonios y el infierno, cielo y paraíso.

Cronología

1981 Atentado fallido contra el papa Juan Pablo II el 17 de mayo, día de la Virgen de Fátima.

1991 Nace Carlo Acutis el 3 de mayo de 1991 en la clínica Portland de Londres, Reino Unido.

El 18 de mayo es bautizado en presencia de su familia en la iglesia Our Lady of Dolours, en Londres.

El 8 de septiembre Carlo se traslada a Milán con sus padres, que hasta entonces vivían en Londres por trabajo.

1995 Asiste al jardín de infancia en la escuela municipal de Parco Pagano, en Milán.

1997 En septiembre comienza la primaria en el colegio San Carlo, donde permanece tres meses. Después va a estudiar al instituto Tommaseo, de las religiosas Marcelinas, donde cursará la educación primaria y secundaria.

1998 El 16 de junio, Carlo, con siete años, recibe la primera comunión en el convento de las monjas eremitas de San Ambrosio, en el pueblo de Perego.

2000 Se celebra en Roma el jubileo, año de perdón y reconciliación. Carlo asiste a la consagración del mundo al Corazón Inmaculado de María.

2003 El 24 de mayo Carlo recibe el sacramento de la confirmación en su parroquia, Santa Maria Segreta.

2005 El 2 de abril muere Juan Pablo II. Se elige papa a Benedicto XVI.

En septiembre Carlo inicia el bachillerato en el instituto León XIII de los padres jesuitas.

2006 El lunes 2 de octubre Carlo enferma y en un primer momento parece que se trata de una simple gripe.

El domingo 8 de octubre las condiciones de Carlo empeoran dramáticamente y lo trasladan a la clínica De Marchi de Milán, donde le diagnostican una leucemia fulminante del tipo M3.

El lunes 9 de octubre Carlo es trasladado al hospital San Gerardo en Monza.

El martes 10 de octubre Carlo pide recibir la unción de los enfermos y la santa comunión, con la certeza de que morirá en un futuro cercano.

El miércoles 11 de octubre Carlo entra en coma por una hemorragia cerebral causada por la leucemia. Los médicos, a las 17.00, lo declaran clínicamente muerto, tras haber cesado todas las funciones cerebrales.

El jueves 12 de octubre, a las 6.45, el corazón de Carlo deja de latir.

El sábado 14 de octubre se celebra el funeral en la parroquia Santa Maria Segreta. La iglesia estaba tan llena que muchos se vieron obligados a permanecer fuera. Los diarios italianos más importantes informaron sobre este hecho.

2007 En enero el cuerpo de Carlo es trasladado del cementerio de Ternengo, en Piamonte, al cementerio de Asís, según lo dispuesto por él.

2012 El 12 de octubre se abre oficialmente la causa de beatificación y canonización de Carlo, que se convierte en siervo de Dios.

2013 El 13 de marzo se elige a Jorge Bergoglio, obispo argentino, como nuevo papa, de nombre Francisco.

El 13 de mayo llega el *nihil obstat*, el permiso de parte de la Santa Sede para la causa de beatificación y canonización de Carlo.

El 12 de octubre se produce la curación milagrosa de Matheus, un niño brasileño.

2016 El 24 de noviembre se clausura en el Arzobispado de Milán, en presencia del cardenal Angelo Scola, el proceso diocesano de la causa de beatificación y canonización del siervo de Dios Carlo Acutis.

2018 El 5 de julio el papa Francisco declara venerable a Carlo.

2019 El 23 de enero de 2019 se exhuma el cuerpo de Carlo.

El 6 de abril el cuerpo de Carlo es trasladado al Santuario del Despojo, en Asís.

2020 El 10 de octubre Carlo es beatificado en Asís.

Carlo y la eucaristía:

A los once años, durante un encuentro católico en la ciudad italiana de Rímini, decidió hacer una exposición sobre milagros eucarísticos y colgarla en internet para que llegara a personas de todo el mundo. Para conseguir información de primera mano p˙dió a sus padres viajar a los lugares donde sucedieron los milagros.

Durante varios años en las vacaciones visitaron, entre otras, la ciudad de Toledo, España, donde se encuentra la custodia de Arfe, una de las más ricas de Europa. Años después, en 2011, durante la Jornada Mundial de la Juventud de Madrid, Benedicto XVI y todos los jóvenes participantes rezaron delante de esa custodia y adoraron a Jesús en la eucaristía.

Durante el viaje a Toledo, Carlo se informó de un milagro eucarístico ocurrido en Buenos Aires, Argentina, y se puso en contacto con uno de los sacerdotes que había estado presente.

Milagro Eucarístico de
SANTARÉM
PORTUGAL, 1247

El Milagro Eucarístico de Santarém, junto con el de Lanciano, es considerado entre los más importantes. Al respecto se han realizado numerosos estudios y análisis canónicos. La Hostia se transformó en carne que sangraba. La Reliquia se conserva en Santarém, en la iglesia de San Esteban.

Milagro Eucarístico de
BUENOS AIRES
ARGENTINA, 1992-1994-1996

...quia de ...ría de Buenos Aires ...a protagonista de ...nos que 3 Milagros ...icos que tuvieron ... 1992, 1994 y 1996. ...Ricardo Castañón ... fue llamado por el ...es Arzobispo de ...Aires, nada menos ...actual Papa Francisco, ...e analizara el Milagro ...o lugar el 15 de ...1996.

Milagro Eucarístico de
GORKUM-EL ESCORIAL
HOLANDA-ESPAÑA, 1572

Aunque el Prodigio se verificó en Holanda, la Reliquia de este Milagro Eucarístico se venera hasta el día de hoy en España, en el Real Monasterio de El Escorial. Entraron a una iglesia católica de Gorkum unos mercenarios protestantes para saquearla. Uno de ellos, en señal de desprecio, pisó una Hostia consagrada perforándola en tres puntos con unas botas provistas de clavos. En ese momento, comenzó a salir Sangre viva de los orificios. En la Hostia se formaron como tres pequeñas heridas circulares, las cuales, hasta hoy se pueden contemplar.

Carlo y la Virgen de Lourdes

El 11 de febrero de 1858 la Virgen se apareció a una niña llamada Bernadette Soubirous en Lourdes, un pueblo pequeño de los Pirineos franceses. La Virgen, que se presentó como la Inmaculada Concepción, se dejó ver dieciocho veces más. Durante esos encuentros pidió penitencia y oración por los pecadores. Tras vencer grandes dificultades y el escepticismo de las autoridades, las apariciones fueron aprobadas por la Iglesia.

Desde entonces, cada año acuden allí cientos de miles de personas, en especial enfermos, para pedir su curación en las aguas milagrosas que manan de la gruta donde Bernadette se encontró con la Virgen.

Carlo rezaba mucho a la Virgen de Lourdes, se interesó por la historia de las apariciones y en uno de sus viajes hizo allí la promesa de rezar el rosario todos los días de su vida.

Carlo y la Virgen de Fátima

Durante la Primera Guerra Mundial, en 1917, tres pastores de un pueblo de Portugal recibieron la visita de un ángel y después de la Virgen. María pidió el rezo del santo rosario para conseguir la paz, y la consagración a su Corazón Inmaculado para evitar la extensión del comunismo por el mundo. Esta consagración la realizó años después el papa san Juan Pablo II.

Los tres pastores se llamaban Lucía, Jacinta y Francisco. Lucía, cuando creció, ingresó en un monasterio desde el que difundió el mensaje de la Virgen en Fátima. Falleció en 2005. Jacinta y Francisco murieron jóvenes en la epidemia de gripe que asoló el mundo en 1918. Son considerados santos por la Iglesia.

Carlo tenía mucha devoción a la Virgen de Fátima y había leído muchas veces el testimonio que escribió sor Lucía, una de las videntes. Visitó con su familia todos los lugares donde se habían aparecido la Virgen y el ángel de Portugal. La aparición de la Virgen de Fátima está muy ligada a san Juan Pablo II y a la historia del siglo XX.

San Juan Pablo II

Karol Wojtyla nació en Wadowice, Polonia, en 1920. Sobrevivió a la ocupación nazi de su país mientras trabajaba en una cantera de piedra y en una empresa química. Después, sufrió la ocupación soviética comunista, contra la que luchó durante toda su vida. Estudió en un seminario clandestino para ser sacerdote. Fue obispo de Cracovia y en 1978 fue elegido papa con el nombre de Juan Pablo II.

Ningún papa viajó tanto por todo el mundo ni se encontró con tantas personas como Juan Pablo II, quien promovió las Jornadas Mundiales de la Juventud, que reúnen a millones de jóvenes de todos los continentes.

Su apoyo a la libertad resultó fundamental para la caída del Muro de Berlín en 1989, y con él la dictadura comunista de la Unión Soviética, en la actual Rusia.

Falleció en 2005 y fue canonizado en 2014.

Carlo y san Francisco de Asís

Desde pequeño Carlo y su familia pasaron las vacaciones en Asís. Él decía que era el lugar en el que se sentía más feliz. Allí había nacido san Francisco, uno de los santos más influyentes de la historia.

Carlo se sentía atraído por muchos aspectos de la vida de san Francisco, en especial por su amor por los animales, su respeto hacia la naturaleza y su amor incondicional a la pobreza y la eucaristía.

San Francisco de Asís vivió en la Edad Media y desde muy joven se sintió llamado por Dios para renovar la Iglesia y la sociedad de su época. Para regresar a la sencillez del evangelio Francisco entendió que debía ser pobre y abandonarlo todo. Enseguida lo siguieron más personas y nació la orden mendicante de los franciscanos, que no solo reevangelizó toda la cristiandad, sino que llevó la fe a los territorios más lejanos.

La tumba de Carlo se encuentra en Asís, donde pidió ser enterrado.

Muerte y beatificación de Carlo

A principios del mes de octubre de 2006 Carlo comenzó a encontrarse mal con síntomas similares a los de la gripe. Como no mejoraba, sus padres lo llevaron al hospital, donde le diagnosticaron una leucemia muy grave.

Se le aplicaron todos los tratamientos médicos posibles, pero la enfermedad no remitió y Carlo falleció el 12 de octubre, día de la Virgen del Pilar, tras ofrecer sus sufrimientos por el papa y la Iglesia.

Poco después de su fallecimiento, se encontró un vídeo grabado dos meses antes en el que predecía su muerte.

Milagro para la beatificación

Para la beatificación de una persona, paso anterior a ser declarado santo, se debe probar un milagro a través de su intercesión. Muchos testimonios de favores y milagros han llegado a la familia Acutis, pero se eligió uno de ellos, ocurrido en Brasil, para su estudio.

El 12 de octubre de 2013, un niño, de nombre Matheus, que sufría una malformación en el páncreas, se curó de manera milagrosa al tocar una reliquia de Carlo en el santuario de Nuestra Señora Aparecida, en Brasil. En las investigaciones médicas posteriores su páncreas aparecía intacto.

Tras la aprobación del milagro y un estudio de su vida y virtudes, Carlo fue beatificado por el papa Francisco el 10 de octubre de 2020 y su cuerpo se encuentra en el Santuario del Despojo de Asís.